NEW STRATEGIES
IN THE EMERGING ERA OF FINTECH

信息时代的
金融战略

李昕旸 / 著

企业管理出版社
ENTERPRISE MANAGEMENT PUBLISHING HOUSE

图书在版编目（CIP）数据

信息时代的金融战略 / 李昕旸著 . —北京：企业管理出版社，2017.3

ISBN 978-7-5164-1497-2

Ⅰ.①信… Ⅱ.①李… Ⅲ.①金融事业—经济发展战略—研究—中国 Ⅳ.① F832.1

中国版本图书馆CIP数据核字（2017）第065379号

书　　名：信息时代的金融战略

作　　者：李昕旸

责任编辑：尚元经　李　坚

书　　号：ISBN 978-7-5164-1497-2

出版发行：企业管理出版社

地　　址：北京市海淀区紫竹院南路17号　　　　邮编：100048

网　　址：http：//www.emph.cn

电　　话：总编室（010）68701719　发行部（010）68701816　编辑部（010）68414643

电子信箱：qiguan1961@163.com

印　　刷：北京市庆全新光印刷有限公司

经　　销：新华书店

规　　格：170毫米×240毫米　16开本　11.75印张　200千字

版　　次：2017年3月第1版　2017年3月第1次印刷

定　　价：40.00元

伫立在时代的潮头

　　回首整个人类文明史，人类的成长始终伴随着为了改善自身处境而不断发展新技术的过程。历史的经验告诉我们，每当出现那些影响历史进程的关键技术，旧技术时代就会被新技术时代所替代。在时代更迭中，大至国家命运，小至个人前途，都会深深地铭刻着时代的印记而变幻起伏。

　　如果我们可以从未来观察我们当前所处的时代，一定会发现这个时代和以往有很大的不同——当前这个变革的时代未必绝后，但确实空前。历史上，从未有过任何一代人曾经遇到过我们所正在或将要面对的复杂情况。人类所发展出的技术第一次有机会赋予人类在根本上突破生理限制、进而创造无限产能的机会——如果说两次工业革命和核技术革命已经赋予了人类改造自然的巨大能力；那么，包含了人工智能、生产自动化、互联网与物联网、可控核聚变以及太阳能光伏等技术在内的新技术革命，在理论上将帮助人类彻底摆脱以物质财富生产为目的的艰苦劳动。当然，技术的发展需要时间，社会适应技术的发展也需要时间，但时代的大趋势就是如此——按照现有技术的发展速度，我们甚至很有可能在未来的三十年之内，就看到这个时代的雏形。

　　历史的经验告诉我们，在变革的时代当中，社会中既有的阶层将被打破，能够顺应时代要求的人会上升到社会的顶层。对于渴望改变命运的人来说，变革是最重要的机会。然而，想在变革的时代获得成功，需要对时代的趋势有足够清醒和深入的理解，这就需要有更大的见识和智慧。事实上，在变革的时代，大多数人连自己的定位和目标都难以确定，又怎会有能力去放眼这个时代？绝大多数人所接受的教育无非是在学校学习一些知识和技能，并利用这些东西在未来兑换一个稳定的人生。在平稳的时代，这种人生筹划可算必要；但在变革的时代，一个未知的扰动就会让任何规划都变得相当荒谬。如果在一个时代里，许多行业可能在不足一代人的时间内兴起、成熟并走向没落，谁又能对自己的人生选择保持自信和冷静？

那么，在这个迅速变革的时代里，芸芸众生之中的你我又该如何自处？由于没有历史的经验可资借鉴，这个问题其实并不容易回答。传统上，我们总可以通过读书来获取间接经验或者通过实践来获取直接经验，这些经验总归能够帮助我们去理解我们所面对的问题。然而，当前的技术进步却有所不同——尽管这些技术本身也发轫于某些非常专业的学科领域，但这当中的大部分技术同时也能够深刻影响其他领域的面貌。此时，客观的形势迫使我们不得不在传统的、分学科的独立研究之外，开展跨学科的交叉。不过，正如类型有限的基本粒子通过排列组合，就可以形成形态丰富的物质世界；随着参与交叉的学科数量增加，交叉学科的复杂性也将迅速上升。而我们有限的智能和理性到底在多大程度上可以去推演未来潜在的可能性？

在众多可行的思考方法中，有一种方法有可能是最有效的：将思考的角度下沉到基础的理论假设，然后将交叉后所形成的新理论假设按照既有的逻辑重新推演。这样，我们所推演出来的结果就很可能是未来所应该出现的样子。而此时，我们所要做的，无非就是如何将现实情况改造成为未来可能出现的情况。

这本书本质上就是按照上文所描述的方法研究了信息技术领域和金融领域的交叉问题。虽然选择这样一个交叉领域的根本原因是作者的专业能力仅仅关涉这两个学科，但是，从现实的角度看，这个研究其实也很重要：信息技术无疑是当前技术进步当中最具影响力的技术领域，而金融则是现代经济体系中能够起到决定性作用的一个行业。在两个领域不断进行深入融合的过程当中，经济系统中的几乎每个行业都会感受到这个过程所带来的影响。事实上，由于金融行业的特殊性，这个过程早已开始，我们现在不但已经能够深刻地体验到这种影响，也有机会去观察这个过程当中一幕幕的聚散悲欢。作为作者既有研究的一个阶段性总结，这本书显然并不能说是已经解决了信息技术领域和金融领域的交叉融合问题。相反，这本书如果作为一个提纲，那么每一个章节中的问题都还可以进一步深入研究下去，对我国金融行业未来的发展也可以提供一些参考意见。

但作为作者，我认为这本书还有更大的价值，那就是帮助我们去思考时代的趋势——影响时代的关键技术并不仅仅只有信息技术，被影响的行业也并不仅仅是金融行业。但作者以信息技术和金融为案例，确实展示了前文所述思考方法的可行性。所以，作者所期待的读者，并不仅仅是那些渴望在信息时代的金融行业中大展拳脚的专业人士；作为一个"引玉之作"，作者也期待这本书能够对那些渴望在这个变革时代一展抱负的"弄潮儿"有所帮助。

每个人的生命都相当短暂，内心之中，有谁不希望自我实现？每一天，我们都向着自己梦想中的样子而不断努力，并在时间的洗刷下，分出高低。在一些人绝望的哭泣声中，另一些人正奔向远方……在这个最坏也最好的时代里，想少走些弯路就必须多做些思考。无论这本书能够给读者朋友们带来多少帮助，作者至少对每一位读者朋友都有一个深深的祝愿：

愿我们都能伫立在时代的潮头。

李昕旸
2017 年元旦

目 录

前　言 ……………………………………………………………… 1

第一部分　前提与逻辑

第一章　关于经济领域某些定义的商榷 …………………………… 7
　　第一节　经济、金融与财富 …………………………………… 7
　　第二节　经济学、金融学与资源配置 ……………………… 13
　　第三节　当前经济与经济学的问题 ………………………… 18

第二章　关于"信息化"问题的再思考 ………………………… 22
　　第一节　作为技术的信息化 ………………………………… 25
　　第二节　作为应用的信息化 ………………………………… 28
　　第三节　作为系统的信息化 ………………………………… 30

第三章　金融业的两面：信息与权力 …………………………… 36
　　第一节　作为信息载体的金融业 …………………………… 39
　　第二节　作为权力载体的金融业 …………………………… 41

第二部分　现状与改变

第四章　现代金融体系的出现与演进 …………………………… 53
　　第一节　全球供养体系概貌 ………………………………… 54
　　第二节　国际货币体系的形成与发展 ……………………… 59
　　第三节　现代金融体系中信心和信用的产生与维持 ……… 65

第四节　小结：并不完美的现代金融体系 ·······················70

第五章　信息技术在金融业中的应用 ·······················72

第一节　金融机构应用信息技术的目的 ·······················73

第二节　银行业的信息技术应用 ·······························75

第三节　证券业的信息技术应用 ·······························85

第四节　保险业的信息技术应用 ·······························92

第五节　其他金融机构的信息技术应用 ·······················98

第六章　"互联网金融"与"金融技术" ·······················101

第一节　P2P网络贷款 ·······································103

第二节　众筹 ···113

第三节　比特币与区块链 ·······································117

第四节　金融技术（FinTech） ·································123

第七章　信息化条件下的金融业态与金融监管 ·················128

第一节　混业经营与分业经营 ···································129

第二节　行业集中度 ···132

第三节　监管模式选择 ···137

第三部分　趋势与未来

第八章　再论金融 ···144

第一节　利益冲突与全球金融体系重建 ·······················145

第二节　供给侧改革背景下的金融改革 ·······················149

第九章　大航海时代的终结与新时代的序幕 ···················156

第一节　大航海时代以来的人类秩序 ·························158

第二节　旧秩序的弊端及其来源 ·······························161

第三节　改革与新秩序 ···165

参考文献 ···172

后记 ···174

●●●●○ 前　言

幽默的人，据说，会郑重的去思索，而不会郑重的写出来。

——老舍：《幽默的危险》

　　这是一本用轻松的笔调写成的严肃学术著作。在这本书里，作者试图用尽量简单的表达方式来讨论一个问题：在信息技术越来越发达的条件下，金融行业会发生怎样的变化。这不是一个很容易回答的问题，分析这个问题不但需要了解金融行业，也需要了解信息技术，而且更重要的，还必须要了解金融信息技术。所以，尽管几年来一直有很多人试图回答这个问题，但无论从逻辑上还是从实践上都不成功。比方说，在前几年以 P2P 为代表的互联网金融行业蓬勃发展的时期，有很多专家学者著书立说，对未来做出种种预测，甚至乐观地认为自己已经找到了可以"颠覆"银行业或者传统金融业的不二法门。但遭受损失的参与者们用自身血淋淋的教训让我们看到了那些时髦逻辑背后的草率——判断理论优劣的标准，从来都不是谁那边的人多，嗓门大。

　　作者在过去的几年里一直在谨慎地思考这本书的基本逻辑。然后发现了几个以前一直没有重视过的问题：其一，金融行业（特别是商业银行）绝对不是什么纯粹的商业行业。通过发行金融信用，金融行业掌握了相当程度的公共权力，并且可以被作为一种公共管理工具。其二，信息技术对于不同金融业务的影响并不相同，其基本原理是利用信息技术可以改变某些金融业务成立的前提，从而造成其业务形态的改变，但对于有些金融业务却没有这样的影响。其三，技术对金融行业的影响实际上是一种潜在的可能性，在分析金融业务时，应该注意到金融业务本身只是其整个业务内容的一个表现，其背后还有更为复杂的关系。而且，最重要的问题是，信息技术有可能对人类社会的社会秩序产生根本性的影响，当这些影响发生以后，信息技术就可能对金融行业产生间接但却更为巨大的影响。正因为上述这些问题确实存在，我们就不能简单地把信息技术对金融行业的影响理解为一种线性的影响。

与此同时，信息技术的发展变化及其对金融行业的意义，也不是个轻松的问题。虽然技术往往被理解成解决问题的工具，但面对越来越丰富的技术，工具有的时候也会变成问题，或者说，这样一个技术可以怎样被金融行业应用？这个问题和"技术如何对金融行业产生影响"的问题并不完全相同，但同样非常复杂。在现实当中，作者曾看到过很多关于这个问题的奇思妙想，有的确实能够成功并带来惊人的价值；但大多数想法都无法落地，最终只能抱憾。其原因大抵是不能满足金融行业的需要。金融行业产生某种需要，会有其客观原因，不能清晰识别其中的逻辑，自然就不容易成功。

上述两方面的问题，构成了这本书研究的主线。这样，这本书也就涉及了相当多的实践问题，比如金融机构的信息化建设、互联网金融行业，以及最近非常流行的金融技术（FinTech）领域。虽然这些实践从形态上看差异不小，但其实本身还是在共用着一套逻辑——把逻辑上的问题想通，所有的问题就会变得清晰起来。

事实上，作者早在2016年5月就开始着手这本书的写作，但却在成书的过程中，将交稿的日期一拖再拖。在过去的几个月中，情况又发生了很多新变化。在金融方面，英国脱欧、特朗普当选、意大利公投失败等"黑天鹅"事件，都对金融行业产生了不可估量的影响。在技术方面，也是就在这几个月里，可控核聚变和量子计算机都发布了标志性的成果。与此同时，人工智能的发展更是惊人：在2016年年初，AlphaGo（阿尔法狗，相当于该系列的第18版）能够以4:1击败人类围棋冠军李世石；到了2017年1月，阿尔法狗的第25版可以与人类最顶尖的围棋冠军们的对弈中取得60连胜。在2016年10月，

DeepMind（研发阿尔法狗的研究团队）在 Nature 杂志上发表的文章中首次提及"价值网络"概念[①]，使机器学习又向前发展了一大步。迅速变化的外部情况，总是会让我们去产生更多的思考，作者总是希望能够尽可能多地去追踪每一个有趣的话题，但最终还是决定，只在这本书里讨论最基本的逻辑问题——变化可能多种多样，但基本的逻辑总是相对问题定的。

这样，这本书将按照这样的思路展开：在第一部分的三章内容中，我们将一同回顾大家对经济和金融相关的基本概念的理解，同时，我们也将研究信息化的发展进程。在第二部分的四章中，我们将探索现代全球金融体系的本质特点；在此基础上，我们将分别讨论信息技术对传统金融行业、互联网金融行业、金融技术行业的影响；以及在信息技术的作用下，金融监管的变化。在第三部分的两章中，作者将分析范围进一步扩展，在第八章中，我们将讨论如何利用金融与信息技术构建一个对我们有利的全球金融体系，以及在供给侧改革的进程中金融业应该注意的问题。在第九章中，我们将讨论现有人类社会秩序的潜在问题与改革方向。为了使正文的内容简单可读，本书将很多需要深入讨论的内容放到各章的尾注部分，如果读者朋友需要了解更深入的内容，就可以从中获得线索。

作者不敢妄言本书的逻辑无懈可击，但至少可以为读者朋友们提供两个重要参考：其一，提醒读者朋友们，在研究金融业发展战略问题时，不但不能忽略信息技术的影响，也必须时时不要忘记金融业的非商业特点；其二，为读者朋友们提供了一个分析问题的逻辑框架，或许在某些对现实问题的抽象过程中会存在见仁见智的观点，但分析问题时所使用的逻辑和方法总归还是有用的。

观察人类历史，往往会观察到一个现象：当某种人类组织形态发展到很高水平以后，其内生的各种困难往往需要从外部引入其他条件方可得以解决。今天的金融行业面对的也是这种情况，单纯用金融业现有的手段，已经不能解决其遇到的问题。而信息技术恰好可以扮演外部冲击的角色。因此，作者可以自信地预言，未来金融行业的主流发展方向，必然是金融行业与信息技术深

---

① 有兴趣了解更多内容的读者朋友，可以参考 Graves, etc. "Hybrid computing using a neural network with dynamic external memory". Nature. October, 2016. VOL 538.

入结合。作者曾给研究生们做过这样一个比喻："在我们北京大学软件与微电子学院，我们对金融的研究未必能像光华管理学院和经济学院那样深入，我们对信息科技的研究也未必能比得上信息科学学院，但我们作为一个交叉领域，我们的立足点是综合金融、软件与硬件而构成的一个立方体，即使这个立方体的每一条边长都比别人短，但一个立方体的体积总是比一条很长的线段要大得多。"这句话同样适用于本书的读者朋友，这可以算是一个祝福也可以算是一个期许——如果有人能从信息技术与金融业的交叉领域来战略性地思考金融行业的未来，那么，他就一定会发现这是一个可以任由自己发挥的美好时代。

2017 年 1 月

第一部分
前 提 与 逻 辑

　　不论这本书看起来有多像一本追逐时尚热点的畅销书，本书本质上还是属于学术著作。严谨的逻辑和论证也一直贯穿这本书的始终。所以，在本书的第一部分，作者试图对本书所讨论的基本问题进行重新的界定。

　　在第一章，作者试图为经济学和金融学知识不很丰富的读者朋友介绍一下关于经济和金融的相关概念。而对于曾经研习过经济学或金融学的读者来说，这一章即便忽略不看，也不会十分影响对后面内容的理解。不过，如果有可能，最好还是要简单阅读一下：这一章里所提到的那些相关概念，之前未必都有明确而公认的定义，所以作者对某个概念的理解可能与某些已有的解释并不完全相同。

　　在第二章，作者对信息化的概念和表现方式进行了分析和界定。事实上，关于信息化的概念一直没有明确的定义，以至于人们在提起信息化这个概念时，往往并不是在讨论同样一件事。概念模糊的另一个问题是影响人们的战略思考，当一个人在思考信息化问题时，他未必总是能够准确估计自己在这样一个进程中的定位，那么，更进一步地说，他也就无法有效地在信息化进程中找到属于自己的机会。

　　在第三章，作者讨论了金融所具有的信息特点以及金融行业在经济活动中所具有的特殊权力。这一章的内容和主流金融学对金融的认识并不相同。作者始终认为，金融行业本质上代表了某种人和人之间的关系，而不是代表了某种自然界的客观事物。所以，主流金融学把金融当成客观事物的研究方法，肯定不能反映金融的真实面貌。

　　在开始第一章内容之前，作者还要向读者交代一下作者的分析框架。在与作者同系的窦尔翔教授的启发下，作者提出了一个名为是"熔合模型"的理论①。在这个模型中，金融业务本身只被视为是一种表现，在其背后，必然有更重要的问题：比如，实际利润来源（正常情况下，这种利润最终只能来自实体经济）、技术实现方式以及蕴含其中的人和人之间的权利义务关系，等等。所以，新的模型将经典金融学着重分析"资源有效配置"的视角放大，把金融问题放到一个"金融－权利－产业－技术"所形成的一个综合性分析框架中进行研究②。相比经典金融学的分析方法，这个新方法的在洞察力方面显然要更强。由于本书所研究的内容实际上与金融的本质密刃相关，所以，至少在本书研究的范围内，这个新的分析框架要优于经典金融学提供的分析框架。所以，本书在分析金融问题时，始终借鉴并使用这个新模型的基本思想。

专栏　　　　　　　　　"熔合模型"概要

　　之所以要建立一个新的分析模型，主要原因是希望在分析金融和信息技术的交叉问题时，能够满足三个基本要求，即：

　　（1）兼容性，即新方法应能在保有金融行业已有分析方法的基础上，也能够用于分析信息技术等重要因素的应用效果。进而用综合的视角来辨识各项因素的消长给金融企业带来的变化。

　　（2）整体性，即新方法应该将金融企业的业务活动视为一个整体。这一整体性要求不仅是要求考察某项金融业务本身的全部完整过程，也需要将某项金融业务纳入到整个金融行业的角度进行考察。

　　（3）实在性，即新方法的分析过程应该具有穿透性，在考察任何一项金融业务时都需要了解其业务利润的真实来源。

　　"熔合模型"能够同时满足上述三点要求，在图1所示的三棱锥中，四个顶点代表了一项金融业务的"四个要点"：①金融，即该金融业务中

---

① 熔合模型中的"熔合"二字来自于英文中的FRIT这个词,恰是金融（Finance）、权利（Right）、产业（Industry）和技术（Technology）四个词字首缩写。

② 关于这个理论的基本观点，可以参考：李昕旸、窦尔翔："关于信息时代金融行业的再思考"，《改革与战略》，2016年第11期。

通过交易结构设计、风险控制和估值模型所体现的金融特性；②权利，即金融机构、金融投资者、被投资对象以及其他金融行业相关主体之间的相关权力与利益关系；③产业，即该项金融业务资金的最终投向、利润来源及其形成过程；④技术，即与该金融业务相关的、能够在现有技术条件下实现的、能够被成本所接受的技术，特别是信息技术。

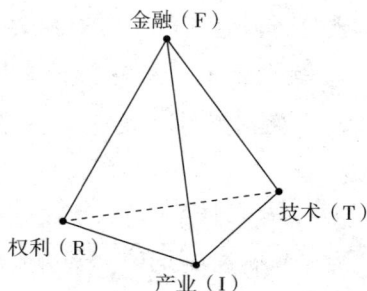

图1　熔合模型示意图

模型中的任何一个要点都与其他三个要点密切相连，从而形成了对一项金融业务"六个观察维度"：

（1）"金融—权利"维度反映了该项金融业务所涉及的各方面权利关系，其权利关系越清晰明确、形成的权利义务越容易被保障执行，则该项金融业务的价值就越高。如在房屋抵押贷款中，由于借款人的唯一住房作为抵押品和借款人用第二套住房作为抵押品的价值就完全不同，因为唯一住房有可能在借款人违约时无法被法院查封。

（2）"金融—产业"维度反映了该金融业务与其最终投向的产业的相关程度，若此相关程度越高，中间环节越少，意味着在其他条件不变的情况下，该金融业务对实际产业的支持就越直接、从产业中可以获得的利润就越高，该业务的价值也就越高。如直接投资一家公司的债券，理论上从该公司获得的回报就会高于通过购买债券基金后再由该基金投资该公司债券获得的收益，因为如果不考虑其他因素，投资者可以节省支付给基金管理人的管理费。

（3）"金融—技术"维度反映了金融企业在开展该金融业务过程中所使用的技术手段，技术手段越先进、信息处理能力越强、应用技术成本越低，则该项业务的价值越高。如在农业保险中，通过广泛使用遥感技术，理赔人员可以对农作物受灾情况进行清晰的处理，从而促进了农作物保险的发展。

（4）"权利—产业"维度反映了该金融业务最终投向的产业所面对的权利义务关系，当产业的权利义务关系越简单、越可执行，则该业务的价值就越高。如在对合同能源管理行业，权利义务关系比较明确的能源费用托管型商业模式与融资租赁型商业模式就要比节能效益分享型商业模式和节能量保证型商业模式更容易开展金融业务。

（5）"权利—技术"维度反映了技术手段在该金融业务中所涉及的权利关系上的应用，若在合理的成本范围内通过技术手段可以明确相关权利关系，则可以提高该项业务的价值。如在大牲畜保险中，通过可植入芯片技术，使投保家畜的识别问题得到了有效的解决，从而大幅度促进了此类险种的发展。

（6）"产业—技术"维度反映了该金融业务最终投向的产业的技术水平。这个维度考察企业的科技含量，显然，科技含量越高的产业，拥有的价值就可能越大，而那些无法应用更先进技术的产业或者没有新技术出现的产业，则很有可能是某种无人关注的、落后的、没有前途的产业。

应用熔合模型时，可以用"三个基本原则"来对金融业务进行定性分析，以确定该业务的可行性与价值。

原则之一，业务经营的稳定性原则。按照这一原则，任何一个经营良好的金融业务都应该是六个维度所构成的稳定平衡，金融企业进行业务调整的过程中应注意到这种平衡性，单纯某一个维度的改变，不可能必然带来整个金融业务的有效发展。

原则之二，业务可行性的一票否决原则。按照这一原则，在分析一项金融业务的可行性时，六个维度中的任何一个维度表明这一业务不可行，那么，不论其他维度显示该业务有多高的价值和多高的可行性，这一业务在本质上都不可行。

原则之三，业务价值的"木桶"原则。按照这一原则，一项金融业务的实际价值会受到其六个维度当中最弱的维度的限制，在最弱维度没有提升以前，其他维度即便增强，也无法提升该金融业务的实际价值。

第一章 ●●●○
关于经济领域某些定义的商榷

　　以亚当·斯密的《国富论》为标志，经济学作为一门独立的学科已经存在了两百多年，关于这个领域所研究的内容及其相关定义也早有定论，作者本不需要多言。但与年轻学生们沟通的过程中，作者发现，并非所有人对经济领域的重要概念都有清晰的认识，这就会给进一步的研究带来困难。因此，在这一章中，作者将对于本书后文中将要涉及的一些基本概念进行梳理以及确认，以便使读者们阅读本书时不至于引起误会。

第一节　经济、金融与财富

一、经济的概念

　　在现代生活中，"经济"是一个出现频率极高的词汇。一旦我们提起"经济"二字，脑海里肯定有一个对于经济的定义，但这个定义究竟是什么呢？即使学习经济学多年，对于经济的概念恐怕也是模糊的。事实上，西方主流经济学教科书中尽管有对经济学的定义，但却没有对"经济"的明确定义。在很多经济学家的视野中，经济大概就是经济学研究的对象。比如，在萨缪尔森教授经典的《经济学》中提及"经济"是什么时，曾经写道："经济生活是有一系列活动组成的复杂集合，包括购买、销售、讨价还价、投资、劝说等。经济科学的最终目的就是要理解这些复杂的活动"[①]。如果按照这种方式进行定义，那么"金融市场行为"、"经济增长"、"经济周期"、"国际贸易"、"国际金融"、"全球化问题"、"政府经济政策"、"经济的效率与公平"等等因为都是经济学的研究对象，所以自然也就是"经济"的范畴。这种模糊的定义方式虽然有助于经济学家随时可以将其感兴趣的话题纳入到其研究范围中，但却无助于我们理解什么是"经济"[②]。按照类似的逻辑，这种模糊的定义方式，还可能"激励"经济学家去主动扩大自己的研究边界，把经济学所没有覆盖的新问题不断地纳入到自己的研究领域，甚至于会出现"经济学帝国主义"[③]。

在中文的语境中，"经济"在辞典中的含义有五个："（1）经济学上指社会物质生产和再生产的活动。（2）对国民经济有利或有害的。（3）个人生活用度。（4）用较少的人力、物力、时间获得较大的成果。（5）治理国家"。显然，其中第一个定义可能与大家头脑中关于"经济"的定义最为一致。但就作者了解，也有人可能会认为第五个定义才是"经济"的应有之义。

让我们先来思考第一个定义："社会物质生产和再生产的活动"。那么什么是社会物质生产呢？这是一个政治经济学概念，其含义既在于人类通过自身的劳动改造自然形成物质生产资料和生活资料的过程，即"物质"的生产；也是一个人类自身不断繁衍的过程，即"人自身"的生产。所以，在政治经济学家的眼中，社会物质生产不但体现了一种自然关系，也体现了一种社会关系。更进一步地说，由于人类生活是一个连续的过程，所以，社会物质生产就必然在整个人类存在的时代内连续不断发生。因此，就某一个时期的社会物质生产来说，在其后必然会产生继承其成果的、新的社会物质生产（也就是"再生产"）

---

① 萨缪尔森：《经济学》，第 19 版，商务印书馆 2013 年版。

② 比方说，美国金融学学会（American Finance Association）的会员们就认为"金融市场行为"是"金融学"的研究范畴，而不是"经济学"的研究范畴。

③ 关于经济学帝国主义的思想源头，读者朋友们可以去阅读加里·S·贝克尔的《人类行为的经济分析》，不过，其中的是非对错，还请大家自行分辨。

过程。在每一个时期，社会物质生产过程中都会出现"生产、分配、交换和消费"的基本过程①，而这些基本过程的前提又都与上一个时期的社会物质生产成果密切相关。因此，政治经济学家们也一直试图通过研究"社会物质生产和再生产的活动"，来找到人类社会不断发展的线索。作者说了这么多绕来绕去的话，实际上只是希望告诉读者朋友们，就像主流经济学里把经济定义为"经济学的研究对象"一样，政治经济学里把经济定义为"社会物质生产和再生产的活动"，也是出于定义其研究对象的目的，而并不是真想告诉我们，到底什么是"经济"②。

很多志向远大的经济学家和研究经济学的年轻学生，会认为自己所研究的"经济"更接近辞典中第五个关于经济的定义，比方说，北京大学经济学院的院训就是"经世济民"，用这四个字来解释"经济"，足见经院人的一种胸襟与抱负。而且，在我国还有一个特殊情况，那就是，共和国成立后才开始接受经济学教育的那些经济学家及其弟子们，他们所面对的经济问题从来都伴随着深刻的国家改革进程。这样，在这些经济学家的眼中，经济问题往往就是国家治理问题的一个同义词或近义词。但也正因为如此，他们对经济的认识和定义也未必是"经济"的真实定义。

但作者反复纠结于经济的定义，也并非是无病呻吟。因为本书后面不可避免地会涉及到一个很重要的问题，即，我们发展经济的目的到底是什么：是完善现有经济制度？是促进所有人福利的提升？是促进社会资源的充分利用？是促进生产力提高？还是令国家更加强大？根据对"经济"定义的不同，结果其实并不完全一样。这个看似显然的问题，其实并不显然。这样，作者姑且按照自己的观点，把经济的定义限定为是一种人类特殊的活动，其目的是为了产生对人类的"有用性"（Utility），其主要内容包括"有用性"的生产、分配、交换与消费。特别地，尽管"有用性"既可以来自于物质产品，也可以来

① 关于这个问题，可以参考李云峰："完整把握社会物质生产范畴及其在历史唯物主义体系中的重要地位"，《马克思主义研究》，2003 年第 3 期。

② 如果读者希望对马克思主义政治经济学有更多的理解，可以尝试阅读《资本论》；如果没有阅读时间或者希望能有一个条缕清晰的介绍性读物，那么可以阅读考茨基撰写的《资本论导读》。

自于服务等其他非物质产品，但发展经济的最根本手段是提高生产力，即提高"人类征服和改造自然的客观物质力量"。至于发展经济的目标，反而并不是一个经济问题，而是一个包涵了伦理、文化、政治等多方面研究的一个复合问题[①]。这样，为求减少歧义，如无特殊说明，本书只是把各种发展目标归结到"提高生产力"或者促进"实体经济"发展上，而不会讨论更深入的经济发展目标。

二、金融的概念

按照同样的思路，我们可以探讨金融的概念。在词典上，金融的定义是"货币的发行、流通和回笼，贷款的发放和收回，存款的存入和提取，汇兑的往来等经济活动"。从这个定义上看，金融是一种有特定内容的经济活动，而且从形态上看，金融这种经济活动反映的是经济中与交换相关的一种活动。换言之，金融并非生产活动，也并非消费活动，如果说从经济活动的最基本目的上看，金融更接近于手段而非目的。同时，金融是货币运行过程中形成的一系列活动，也就是说，金融不可能在没有货币存在的条件下独立存在。

这样，我们就不难提出一个观点，所谓金融，实际上应该是作为经济活动中一类非目的性的、与货币相关的一类经济活动的子类别。这样，在重要性上看，金融的重要性必然不可能超过经济的重要性，如果必然要在二者之间讨论牺牲谁来保全谁这个问题时，正确的答案永远应该是牺牲金融而保全经济。

三、财富的概念

在经济活动和金融活动中，都会涉及到"财富"这个概念。但在讨论经济或金融问题的书里，又往往把财富当成是一个无需解释的概念。这样仔细想来，财富的定义其实也同样模糊。

在《辞海》中，财富被定义为"具有价值的东西"。这个定义简单，但并

---

① 关于这个问题有一个很明显的例子：在主流经济学中有生命周期与世代交替假设，其要点在于，每一个人的目标都是让自己能够在此生当中消费掉所有自己生产出来的产品，甚至是借用一些下一代将要生产出来的产品。但在我国的文化当中，为了家族血脉传承，每一位父母都愿意为子女积蓄财富，为了达到这个目的，长辈愿意克勤克俭地生活，并将这种精神作为一种文化基因传递给后人。

不明确。至少，什么是"价值"这个问题本身，就是一个值得进一步去探究的问题。在马克思的经济学说中，与"价值"有关的概念，至少有"价值"、"交换价值"、"使用价值"三个泾渭分明的概念。那么，词典中所述的"价值"到底是哪个呢？如果是蕴含在财富中的"有用性"，那就是"使用价值"；如果是指将财富出售可以获得的货币数量，那就是"交换价值"；至于被叫做"价值"的概念则是指"凝结在商品中的无差别的人类劳动或抽象的人类劳动"。不过，这个概念看起来最不像是词典中关于"价值"的概念。实际上，如果辞典是按照马克思主义经济学来进行的定义，那么此"价值"还真的就是彼"价值"。因为，马克思及其之前的斯密、穆勒等古典政治经济学家，确实把财富定义为人类劳动创造的社会价值。此时，财富实际上就是一个人造物。

不过，如果财富是人造物，那又和我们的直接感受不太相同。比方说祖上传下来的一座海边小岛，上面没什么劳动创造的价值，但我们通常会认为这是一笔财富。所以，在主流经济学中，对财富进行了更直观的定义。在戴维·W.皮尔斯主编的《现代经济词典》中，财富被定义为"任何有市场价值并且可用来交换货币或商品的东西"。这就相当于把财富背后的价值理解为"交换价值"。不过，把财富理解为是有"交换价值"的东西也未必完全符合直觉。比方说，父母通常会把孩子写的第一幅书法、画的第一幅涂鸦以及各种奖状、证书小心收好，并视为一种宝贵的"财富"，甚至在某些特殊情况下，愿意为了保护这些"财富"而付出一定的代价。但这些所谓的"财富"对其他人来说却又根本一文不值。

事实上，自古以来，我们从来就没有过关于财富的确切定义：在色诺芬和亚里士多德眼中的财富就是"使用价值"；在"重商主义者"眼中，财富是金钱、是货币；在"重农主义者"眼中，财富是"生活资料"或者说是"农产品"等等。不过，话又说回来，这些对财富的定义虽然在本质上就开始完全不同，但在其特定语境下，又都有意义，还真是不能区分谁对谁错。

然而，财富又是个很重要的问题，或者说，当我们说我们要"创造更多的财富"或者"获得更多的财富"的时候，我们就必须确定地知道"财富"的概念，才能知道自己或者别人到底想要干什么。在这里，作者认为，以马克思为代表的古典政治经济学传统，对财富的认识更反映财富问题的实质，与本书讨论的内容也更为契合。这样，在本书中，如果没有特别提起，本书所说的"财富"指的就是"对当下生产力的所有权"。这个定义实际上包含了两个部分：其一是生产力，也就是"人类征服和改造自然的客观物质力量"；其二是所有权，也就是"以完全绝对的方式享有和处置物的权利"。

当然，这样一个定义显然会遭到经济学家和法学家的鄙视，因为生产力并非一种物，自然就谈不上所有权，所以看起来应该把这个定义中的"生产力"改成生产力的结果——"社会财富"。但作者认为，社会财富并不能清晰地反映其形成过程，进而会造成本书后续分析中的某些困难，所以，不妨在这里直接使用"生产力"这个概念来全面地考察财富。而且，更深一步地看，生产力系统虽然是一种"客观物质力量"，但构成生产力系统的劳动力、劳动资料、劳动对象以及科学技术等四个要素，实际上仍然是"物"。既然是"物"，自然就有其所有权关系，所以这样的定义其实也并没有什么问题。而且，这样的一种定义方式也意味着，从作者的角度看财富，财富不仅是一个技术方面的概念，也同时是一个社会学意义上的概念。显然，生产力的进步会带来人类整体财富水平的上升，但对于个人或组织而言，财富的大小也受制于其对生产力所有权的占有程度。因此，在整体意义上的财富和在个体意义上的财富并不完全相同，换言之，个体对财富的追求并不必然导致整体财富的上升。

用分饼的例子来说，生产力决定了饼有多大，而所有权决定了一个人可以分多少。通常情况下，饼大了，即使分的比例变小一些，也仍然可以获得更多的饼，所以通常把饼做大总是一个一致性的选择。但问题是如果在饼变大时，也有可能出现有些人最终分的饼反而变少了；也有可能把饼做大不那么容易，但在饼的规模既定的情况下，获得多分饼的权利反而来得更简单；甚至在某些极端情况下，把饼做小一些，自己还能多得一些饼。所以，尽管把饼做大对于整体来说是有利的，但是不是真的要把饼做大，并不是一个有一致答案的问题。在经济学中，最典型的案例就是垄断市场，对于垄断者来说，扩大产量不一定总是最好的选择，为了利润最大化，垄断者实际上会采取限制产量的做法来保证较高的价格。关于其他的情形，如果读者们细心，也不难发现许多案例。

第二节　经济学、金融学与资源配置

一、经济学的概念

对于非经济类专业的读者来说，经济学听起来可能和物理学、化学、数学等自然科学一样，是一个有严谨公理体系的学科。如果读者们有时间去阅读高阶的经济学教材（比如马斯克莱尔等人所著的《微观经济理论》）或者阅读很专业的经济学论文，恐怕还会进一步认为经济学是一种科学。那么，经济学真的是一种科学吗？

按照萨缪尔森《经济学》教科书的定义，经济学是"研究一个社会如何利用稀缺的资源生产有价值的商品，并将它们在不同个体之间进行分配"的学科。受益于人们对经济问题的日益关注以及经济学自身的发展，经济学的基本体系已经相当完整，以至于在主流的经济学学术讨论中，不论交谈者之间在学术观点上存在怎样的矛盾，关于经济学中最基本的定义与分析工具都可以做到基本相同。

按照一般的观点，现代经济学有微观经济学与宏观经济学两大分支，前者研究单个实体的市场、企业、家庭的行为，而后者研究经济的总体运行。阅读过经济学初、中级教程的读者可能认为宏观经济学和微观经济学在学术研究上的差异就像萝卜和白菜一样明显，但实际上并不是，在当前的经济学术研究中，两者主要的差别在于研究对象而不是研究方法。同时，为了对现实经济进行分析、为经济理论提供论据，经济计量学在学术研究中的价值也日益凸显。这种将统计方法应用于经济研究的学科可能被很多渴望了解经济学的读者误会成为一种科学，但实际上就和统计学应用于其他学科一样，经济计量学是一种技术，而不是科学。

如果有的读者朋友读过熊彼特先生的《经济分析史》、晏智杰先生的《西方经济学说史》、王志伟先生的《现代西方经济学流派》等经济学说史，就会发现经济学在人类历史上并不是个"一以贯之"的理论。从早期古典时代的希腊、罗马，到中世纪的教会，再到资本主义时代，每一个时代都存在很多学者对"一个社会如何利用稀缺的资源生产有价值的商品，并将它们在不同个体之间进行分配"的研究。而结合一个经济学说的历史背景去分析其所描述的内容，很容易发现所谓经济学说背后，反映的往往就是一个社会阶层或者一个国家的利益。经济学说发展的历史中，因为立场不同而产生的学术冲突比比皆是。比方说，西尼尔教授认为资本的利润来自资本家放弃目前的享受而进行的"节欲"，而同时期的马克思却通过对剩余价值的研究认定资本家的利润来自对工人的剥削；又比如，在英国的萨伊、穆勒等经济学大家宣扬经济自由主义的时代，法国的西斯蒙第要求国家采取法律行政措施来恢复小商品生产，而德国的李斯特要求国家实行关税保护来发展本国生产力。这样，我们就可以回答最开始的那个问题——经济学根本就不是什么科学。与其把经济理论当成科学，不如把经济理论看成是社会阶级冲突和国家竞争过程的一个理论产物。这一点和政治理论、社会理论等人文学科的理论并没有什么两样。在人文学科中，一般并不会有自然科学中"吾爱吾师，吾更爱真理"的治学精神；"吾爱吾师，吾更爱利益"可能更能接近实际情况。

另外，有些读者可能认为对经济问题的研究是西方文明的一个特殊现象，但这个观点其实是不对的。西方经济学家或许是最早将经济学从哲学分离出来加以研究的学者，但人类对经济问题的研究要远在经济学成为一门独立学科之前。且不说别的国家和地区，单就我国来说，出于治理一个大一统国家的需要，我国早就对经济问题有过深入的研究。其中，《管子》中所包涵的经济研究体系，即使放在今天看也令人钦佩；而《盐铁论》、《食货志》这些经济专题著作，也体现了丰富的经济思想和高水平的经济管理能力。关于西方与中国以外的经济学思想或经济学理论，作者了解得不多，不敢妄言。但历史上任何一个强大的国家与文明，都不可能没有发展出与其相适应的经济制度与经济理论，因此，作者可以肯定，历史上一度相当落后的西方文明定然不可能专美于前。即便西方经济学在解释资本主义生产方式上有明显的优势，但通透历史的人必

然不应该如门格尔 ① 一般，试图将一个区域内、片段的历史所总结的经济理论发展成一种不可撼动的"真理"。

二、金融学的概念

作者发现过一个奇怪的现象，我接触的绝大多数研究生并不能正确区分金融学和经济学的差别。作者曾经以为这只是一种偶然，但后来接触的学生多了，才发现这居然是一个普遍现象。所以，在这里，作者想简单地说一说什么是金融学。

从定义上说，金融学是研究"资产的跨期配置"的一种学问，但事实上，经济学对"资产跨期配置"这个问题同样有研究。在经济学中关于不确定条件下的选择问题，实际上就是在研究资产跨期配置的问题。也有人认为，经济学研究经济问题而金融学研究金融问题，但类似利率、汇率等显然的金融问题也一直是经济学家重点关注的问题。所以，研究对象并不是区分经济学和金融学的主要标准。那么，经济学和金融学到底有什么不同呢？

现代金融学的起点通常被认为是马克维茨 1952 年所提出的资产组合理论。相比于经济学，现代金融学的主要特点是采用某些新的技术来处理金融产品的定价问题和资产配置问题。在经济学中，既然一般均衡已经被证明存在，那么在资本市场的均衡既可以给出任何资产的价格也可以给出资产的成交量。但是经济学的求解方式只是存在于理论上，对于现实问题的处理则相当困难。而金融学从马克维茨开始，就试图使用某些更简化的方式来处理金融问题。比方说，马克维茨在资产组合理论中，认为人们会在确定收益下选择方差最小的资产组合；或者在无套利定价模型中，认为两种未来收益相同的金融资产，在当前的价格必然相同，等等。经过几十年的努力，今天的金融学已经建立了一个独立于经济学体系以外的、比较严密的公理化体系。虽然在经济学家看来，金融学

---

① 作为经济学边际分析工具的创始人，门格尔区分了经济史和经济理论，认为"经济史是研究一定时间和一定场合的个别的和具体的现象，以及个别现象之间的互相联系"；而"经济理论则是研究国民经济现象的某些基本形态和这些形态的相互联系，即事物的类型及其相互关系"。所以，在门格尔及其后继者看来，"经济史只能作为补充经济理论的科学，而不能代替理论的经济学"。

的理论体系漏洞百出，但金融学总归还能自圆其说，而且多少能给出一个还算明确的结果。

外行人看金融学多少会觉得有些复杂，随后对金融学家在金融行业内赚钱的能力产生某种迷信。但事实上看，金融学家在金融业内赚钱的主要方式还是研究和授课，而不是真正从事金融交易。其中最有代表性的一个案例，就是美国长期资本管理公司（LTCM）。该公司当年拥有斯科尔斯（Myron Scholes）和莫顿（Robert C. Merton）两位发明了期权定价模型并得过诺贝尔奖的金融学家，拥有罗森菲尔德（Eric Rosenfeld）和克拉斯科（William Krasker）两位哈佛商学院教授，以及拥有小马林斯（David W. Mullins Jr.）这位美联储副主席，在研究能力上绝对属于超一流水平。然而，这样强大的团队，最终在成立的第五年，赔掉了其所管理资产的百分之九十。

三、市场、价格与资源配置

不管经济学和金融学存在多大的差别，二者至少存在一个共同点，那就是如何利用有限的资源、在既定的假设下来完成自己的目的。经济学家和金融学家乐意把这种问题当成是自己的研究与其他学科相区别的主要标志，但实际上也并不是。比如军事学、管理学等学科，实际上也在处理同样的问题。那么，接下来就形成了一个非常关键的问题：应该怎样配置资源呢？

正统的经济学家会告诉我们，配置社会资源的正确方式应该是市场机制。但为什么应该是市场机制呢？这是一个很有趣的问题：比较官方的说法是，在党的十八届三中全会中有"建设统一开放、竞争有序的市场体系，是使市场在资源配置中起决定性作用的基础"的提法，所以，市场必然在资源配置中起决定性的作用。从历史角度看，苏联解体意味着其实行的计划经济体制缺乏生命力，因此，与之相对的市场经济就是正确的选择；而奉行市场经济的美国又是全球 GDP 规模最大的国家，所以又给实行市场经济体制提供了一个正面的例证。在经济学理论上，一般均衡的存在意味着市场机制能够使资源得到满足帕累托有效性的应用；而发展经济学的若干经济增长模型也指出，实行市场经济可以带来经济稳定的增长。那么，政府如果干预经济会发生什么情况呢？因为政府无法了解供给者的生产能力和需求者的产品要求，政府过度干预经济的结果就会导致经济运转不灵。据说，在最荒谬的情况下，计划经济会导致工人们光着脚来生产已经大大过剩的皮手套。

　　然而，1929～1933年的大萧条在经济研究上的最大影响，就是让很多人认同了凯恩斯关于政府干预的经济理论，并衍生出一系列关于政府干预经济的学说和实践。虽然凯恩斯主义经济学无力解决经济滞胀问题，但经济学家们也开始意识到非市场机制在社会资源配置中的价值。除了凯恩斯主义经济学家以外，在上世纪70年代兴起的新制度经济学同样对资源配置的问题进行了反思，一个典型的提问是："为什么在一个企业中，配置企业生产资源的方式是生产计划而不是市场机制"？该学派的经济学家认为[1]：由于交易成本存在[2]，市场不可能是配置资源的唯一方式。从最小化交易成本者的角度出发，关于计划和市场到底哪一种配置资源的方式能更节约成本，在不同情况下的答案其实并不相同。

　　那么，市场是如何发现相对价格的呢？在一般的经济理论中，市场上的价格是由供求决定的——供给者和需求者分别向市场发出自己的供给信息和需求信息，然后由市场机制撮合交易，从而形成最终的交易价格。那么价格是什么呢？理论上说，价格是价值的反应，或者说是反应交换比例的一个指数。整个市场运作所获得的最关键的成果就是形成了市场价格。在理论上，价格是连接各种商品的边际效用与边际替代率的关键信息，将复杂的偏好关系与生产技术转化为一个简简单单的价格信号，从而使各种复杂的交换问题都得到解决，进而使经济资源得到最优化的利用。新制度学派的主要贡献就是指出，获得这样的价格信号需要成本，所以对于那些会频繁出现、会导致过高交易成本的交易过程，就可以通过企业内部管理来消除，但企业规模扩大会导致企业管理成本上升，以至于会在某种规模之后，企业管理成本会大于交易成本，所以企业的规模也有上限。这样，生产计划和市场经济的适用范围也就得到了

---

[1]　经典的论文是：Coase, Ronald . "The Nature of the Firm". *Economica. 1937, 4(16)*。

[2]　在科斯（Coase）的定义中，交易成本是"通过价格机制组织生产的，最明显的成本，就是所有发现相对价格的成本"。

划分。

如果把供给和需求看成是信息，那么，价格信息实际上相当于是一个市场供求关系的编码和解码过程。在这个过程中，有一些不那么重要的信息就会被忽略掉。这样做的好处是能够节省信息处理的成本，对于早期缺乏信息搜集与处理能力的交易双方来说，这种忽略相对次要信息的做法是非常重要的[①]。但其问题是，对于经济体系这样一个高度复杂的系统，忽略掉的信息有可能会导致整个系统出现问题。比方说，在价格机制下，当对于某些商品的需求上升时，就会出现上涨的价格信号，于是厂商会意识到扩大生产有可能获得更高的利润。然而生产过程相对于需求是滞后的，价格反映的是当前的需求而不是厂商形成产能后的需求信息，所以当厂商形成产能时，需求可能反而下降。同时，市场价格机制还存在另一个问题：厂商无法判断在同一时间有多少同类厂商也决定扩大生产。如果同时存在大量厂商扩大生产的情况，整个行业就会出现生产盲目扩大的问题。无论这两种情况中的哪一个情况出现，社会资源都不会得到有效的利用。那么，这样的情况是普遍现象还是偶然现象呢？从整个经济发展历程看，这些现象时普遍存在的，从种葱的农民到生产甲醇的化工厂都有不同程度的类似情况。当矛盾相当集中地爆发时，就会导致经济危机。

第三节　当前经济与经济学的问题

事实上，当前的经济学和经济实践正处于一个尴尬的局面："大萧条"说明单纯依靠市场力量会导致经济危机；"经济滞涨"说明政府干预下的市场也存在问题；"苏联解体"说明计划经济不可行；而现在全球经济的不景气也可能意味着主流的"新自由主义经济学"无法带来全面的繁荣。经济学家很沮丧

---

① 比如，假设作者的实际需求是"我在12月份想吃西瓜，为此我愿意花10元/公斤的价格购买西瓜。但到6月份的时候，因为市场上会有我更喜欢的香瓜，所以那个时候我就不会吃任何西瓜，除非西瓜的价格低于1.5元/公斤。而到来年12月，我要去一趟东南亚，所以不会买任何西瓜"。但对于交易双方来说，抽象的价格信号就体现为当西瓜价格为10元/公斤时，作者购买了西瓜，所以，瓜农就可能准备在来年12月份提供西瓜来满足作者在来年12月并不存在的需求。

地发现，尽管近现代意义上的经济学已经发展了两百多年，但经济学对于经济发展问题仍然无能为力。

经济学家的困难不仅仅是因为经济学理论的不完善。更重要的是，在现有资本主义生产方式下，社会经济本身就存在固有的问题。关于资本主义生产方式的问题，马克思在《资本论》中曾做过极其深刻的研究。在马克思看来，资本家为了提高效率、扩大利润，必然试图努力发展技术，从而实现以机器代替工人的目的。这样，生产的不断扩大，和以工资为根本收入来源的无产阶级的贫困化，最终必然导致整个生产方式的崩溃。在 20 世纪以来的很多研究中，学者们试图通过描述诸如全民性的股票投资、第三产业的兴起等方面的新变化来论证马克思理论的谬误。但皮凯蒂在《21 世纪资本论》一书中指出，劳动收入在社会总收入中的比例确实是在下降而不是上升。伯克利大学的塞斯（Emmanuel Saez）与伦敦政治经济学院的祖克曼（Gabriel Zucman）也曾提出，美国收入最高的 0.1% 的人群，其财富比例从 1962 年的 35% 上升到 2012 年的 50%[①]。这些研究的结果充分说明，马克思所论证的无产阶级日益贫困和贫富差距日益扩大是事实而不是谬误。马克思给出的应对方案是生产资料公有制下的"自由人联合体"[②]，在这样的制度下，自由人使用共有的生产资料来共同生产社会总产品。如果类比的话，这种体制类似于一个由整个社会构成的大企业，在这个企业中，"一切生产部门将有整个社会来管理，也就是说，为了公共的利益按照总的计划和在社会全体成员的参加下来经营"[③]。

但并非所有经济学者都认可上述观点。以斯蒂格利茨为代表的一些经济

---

① 感兴趣的读者朋友可以阅读他们的论文：E Saez & G Zucman. "Editor's Choice: Wealth Inequality in the United States since 1913: Evidence from Capitalized Income Tax Data". *The Quarterly Journal of Economics,* 2016, 131（2）

② "自由人联合体"这个概念来自于《共产党宣言》。

③ 这段话来自恩格斯的《共产主义原理》。

学家 ① 认为，当前经济更主要问题来自于垄断企业的市场权利。在这些经济学家看来，企业通过市场竞争，往往会形成垄断。垄断企业有较强的市场权利，能够保证这些企业获得高额利润。在这种情形下，垄断企业事实上是通过市场权利对同行业企业和消费者进行某种程度的剥削，从而导致了分配的不公平。垄断者不仅自身缺乏创新动力，还会遏制同业创新。基于这样的判断，斯蒂格利茨提出，政府应该采取措施遏制垄断企业的权利，以帮助企业恢复到竞争状态 ②。

事实上，每一位经济学家的终极梦想，可能都是为经济发展开出一剂良方。所以，除了上述两种理论以外，作者还可以毫不费力地找出足够填满一本书分量的政策建议。但作者并不打算用一个富含各种各样经济理论的"新理论"来装饰一个新的"理想世界模型"。作者从来就不认为经济学家能够找到解决问题的办法。在与学生们沟通的时候，作者经常讲一个笑话：当一个人只带了一把锤子的时候，他看见什么都像是钉子。经济学家往往认为"不生经济学，万古如长夜"，但事实却是，在经济学没有成为一门独立学科的时候，人类也建立了庞大的帝国，也发展出了伟大的文明。作者承认经济学可以作为一种分析手段和工具，但从来就不认为只有经济学能够为经济问题提供解决方案。

按照马克思的观点，真正有价值的是生产力，在生产力获得发展以后，生产关系和上层建筑的变化只不过随后发生的一个结果。相对于现代主流经济学家的观点，作者认为马克思显然更深刻地洞察了问题的实质。正是基于这样的认识，在本书中，作者不会刻意从经济学的角度解决问题的方案，而是尝试着从信息技术发展的角度来探索未来的情况有何不同。

---

① 关于现有经济的问题，西方经济家实际上已经开始形成很多反思的意见。2009 年 10 月，索罗斯支持成立了一家名为 INET（The Institute For New Economic Thinking）的智库，其中网罗了包括斯蒂格利茨（诺奖得主，克林顿政府经济顾问）、克鲁格曼（诺奖得主，曾准确预言东南亚金融危机）、阿玛蒂亚·森（诺奖得主）、弗格森（"中美国"的提出者）、古德哈特（公认的中央银行学权威，曾担任英格兰银行行长首席顾问）、雷恩哈特（蒙代尔的学生，哈佛大学肯尼迪学院教授）、罗格夫（曾担任 IMF 首席经济学家）、萨克斯（"休克疗法"之父）、特纳（英国金融服务管理局前主席）、沃尔克（美联储前主席）在内的众多知名经济专家。影响力相当大。

② 关于斯蒂格利茨的这一观点可以查看他在 2016 年 3 月 13 日发表与《卫报》的文章，"The new era of monopoly is here"。

　　最后，让我们再归纳一下这一章的主要内容。通过回顾经济、金融、经济学、金融学等概念，我们可以发现，现有经济学和金融学尽管是蕴含着丰富技巧的分析工具，但这些学科既不能告诉我们经济或金融发展的目的，也不能直接告诉我们解决经济问题的方法。所以，在本章内容中，我们还重新整理了对"财富"和"资源配置"的理解。这些内容并不是否定经济学和金融学业已取得的成就，相反，因为这些领域已经取得了很大的成就，并被很多人深信不疑，所以，作者才需要提醒读者朋友们一定对经济学和金融学保持冷静与客观的态度，切不可将其所有观点奉为圭臬，更不能把经济学家和金融学家提出的政策建议当成治病良方。按照本书的思路，经济与金融能够取得发展，最终所依靠的并不是学者们的研究与分析，根本上说，经济与金融的目标最终还是要回到促进生产力发展这一面，生产力发展才是解决当前经济问题的根本手段。

第二章 ●●●○
关于"信息化"问题的再思考

　　"信息化"是由日本学者梅倬忠夫在 1963 年提出的一个概念。1967 年，日本学者仿照工业化的定义，对"信息化"做了一个正式定义："信息化是向信息产业高度发达且在产业结构中占优势地位的社会——信息社会前进的动态过程，它反映了由可触摸的物质产品起主导作用向难以捉摸的信息产品起主导作用的根本性转变"。虽然这个概念已经提出了半个多世纪，但到目前为止，还是一个深刻的总结。

　　我国对"信息化"的定义主要有两个官方版本。1997 年召开的首届全国信息化工作会议上，与会者将"信息化"定义为"培育、发展以智能化工具为代表的新的生产力并使之造福于社会的历史过程"。在《2006—2020 年国家信息化发展战略》中，将"信息化"定义为："信息化是充分利用信息技术，开发利用信息资源，促进信息交流和知识共享，提高经济增长质量，推动经济社会发展转型的历史进程"[①]。

　　对比我国和日本的对"信息化"的定义，可以发现两国对于信息化的理解并不相同。日本的定义更强调信息作为一种独立产品的价值；而我国的定义则

――――――――――

　　① 　相关信息可参考 MBA 智库百科中关于"信息化"的词条。

偏向于认为信息是一种可以推动生产力发展的工具。那么，两种观点哪个更正确呢？作者认为，两种观点都正确，只不过侧重点不同而已。信息化本质上带来了两方面的成果：一方面，信息技术的进步为人类探索未知世界提供了新的工具；另一方面，信息技术通过与工业、农业或第三产业相结合，能提高原有产业的资源使用效率。

在前一个方面，信息科学技术的进步是相对独立的，所解决的问题也是一些必须借助信息科技手段才能解决的特殊问题。比如，在大数据领域，由于算法的改进和算力的提高，原有很多看似杂乱无章的信息被重新处理，从而给我们带来新知识；又比如，在数据库领域，由于数据存储手段和数据处理技术的提高，我们就有能力去保存和应用那些原来无法保存的数据，等等。从这个角度看，信息化确实创造了重要的信息产品。

但在后一个方面，信息技术实际上是一种催化剂，促使原有产业的效率提升。例如，在商业活动中，POS 系统（销售时点信息系统）、EDI 系统（电子数据交换系统）的应用可以帮助企业简化交易流程；在产品设计中，CAD（计算机辅助设计）的应用可以大幅缩短产品的设计周期；在运营管理中，ERP系统（企业资源计划）、CRM 系统（客户关系管理）可以帮助企业经营者做出更为有效的决策。这些信息技术的应用本身并没有带来新的东西，但通过对整个环节的优化和改进，能够进一步提高效率、降低成本。

专栏2-1	C4ISR系统与军事信息化

　　关于合理运用信息技术的优势，最明显也是最先进的领域是军事领域。以海湾战争为标志，全球主要军事大国所追求的发展目标已经从单纯追求装备性能与装备数量转移到对C4ISR系统[①]的发展上。显然，这样一个系统所体现的是一个军事组织的情报获取能力、信息传输能力、分析判断能力、决策处置能力和组织协调能力，而不是这个军事组织单纯的物理

---

　　① C4ISR 是指挥（Command）、控制（Control）、通信（Communication）、计算机（computer）、情报（Intelligence）、监视（Surveillance）和侦察（Reconnaissance）。

毁伤能力。那么，这样的一个体系的效能如何呢？回顾近几十年来的区域战争和冲突，我们不难发现，C4ISR系统越完善的一方，其作战效率就越高，也越容易取得胜利。以海湾战争为例，从兵力、技术装备数量、后勤、指挥等角度看，伊拉克军队并非不可一战，但在拥有信息化优势的美军面前，刚刚打完两伊战争的精锐之师却如土鸡瓦狗一般，瞬间崩溃。后来对双方的战损进行统计后发现，伊拉克方面损失大致为：近10万人伤亡、8.6万人被俘、损失飞机324架、坦克3847辆、装甲车1450辆、火炮2917门、舰艇143艘；而多国部队方面损失仅为：伤亡4232人（阵亡仅340人，且受伤人数中有近3000人还是非战斗受伤），损失飞机68架、坦克35辆、舰艇两艘。彼时美军的信息化尚未经过大规模局部战争的检验；而伊拉克军队刚刚经历两伊战争，在机械化战争领域算是受过历练。两相对比，固然有美军为首的多国部队战术娴熟、武器精良的原因，但信息化水平的差异也是造成如此悬殊对比的重要原因。我国军事专家通过研究这一战例，才真正认识到一个通过信息技术有效联结的战场系统对于取得战争胜利具有多么巨大的价值：利用信息技术不仅可以将己方兵力、火力得到最优化的运用，同时也能通过电子战干扰敌人的指挥系统从而有效地降低敌人的作战能力。如果我们回顾90年代开始的军事技术变革，电子战、信息战已经成为军事领域不可回避的关键话题。

我们知道，军事领域往往是技术被最优先使用的领域。那么，军事领域所发生的信息化进程是否会在民用领域被重现呢？答案是肯定的，事实上，我们也都能体会到发生在我们身边的信息化进程。一般在考虑信息化进程的时候，通常总是会从信息科学技术的角度来研究。但这并不是本章关心的问题。在本章中，作者实际上要分析的问题是：我们在信息化进程中能获得什么机会？在作者供职的院系中，很多文科背景的硕士研究生因为学不好信息技术方面的课程，所以总是倾向于只用学到的金融知识去寻找银行、券商或基金之类的工作机会。每当作者提醒他们，为什么不试着多做一些交叉方向的研究，他们总是会用自己不太懂技术这个借口来搪塞。那么，不太懂技术的人在信息化进程中就没有机会吗？其实也不是。在下文中，作者将向大家展示，信息化实际上拥有不同的形态，只要找准定位，很多人都可以找到适合自己的机会。

第一节 作为技术的信息化

信息化的基础是信息技术的发展，而信息技术本身又是信息科学的产物。因此，作者认为，信息化的第一个方面就是从信息科学的"三论"（信息论、控制论、系统论）出发，将信息科学的成果进行技术转化的过程。

在信息化的历史上，拥有原创技术的企业往往都拥有极高的价值。比如IBM、英特尔、思科、微软、甲骨文、谷歌等等。其成功的要点，大体上都是创造性地将某些仍然处于"实验室阶段"的信息科学成果，转化为能够解决某一类具体问题的应用技术。其价值的根源是推动了技术上的进步。但由于在技术发展的初始阶段，人们对于技术的应用范围只有比较笼统的感觉，所以，这些新的技术进步通常也未必有足够明确的指向性。例如谷歌，其发展的基础是其在搜索领域的先进算法，但这些算法的应用和后续演化，在当时可能并没有明确的计划，只是随着新问题的不断出现，谷歌公司能够利用其技术不断解决问题罢了。所以，从今天谷歌公司能够提供的产品和业务上看，这个公司的业务相当丰富，除去那些在后来通过不断并购收购到的技术之外，基于原有搜索算法的业务实际上也产生了很多具体化的改变，比如，应用于专门的学术搜索、图片搜索、地图搜索等等。

在这个阶段，创造价值的主角是科学家和工程师。尽管通过商业化运作，企业家和金融家也可以分享这部分价值，但他们在整个过程中并不是最关键的角色。如果有些读者恰好是从事信息技术研发的科研人员，我想大家完全可以对自己的工作前景充满信心：将信息科学转化为信息技术的过程，不但有巨大的理论价值来帮助研究人员成名成家，实际上也有巨大的商业价值使研究人员赚得盆满钵满。特别是伴随着中国经济的发展和科技研发能力的提高，理论上，应该有越来越多的先进信息技术会首先出现在我国。

不过，要是有的读者问起新技术的发展方向在哪里，作者只能建议您多和自己实验室的同事或学术界的朋友商量。在经济和金融领域，作者认为，对信息技术的需求至少包括如下三个方面：第一，希望能够通过更廉价，更有效的方式尽可能地实现全社会各个主体之间的信息互通互联，以消除或部分消除经济学和金融学中最令人头痛的信息不对称问题，而且如果从更高的期待说，作者不仅仅是期待能够消除道德风险和逆向选择等问题，也希望能够获得及时的供求变化信息和比较精确的预测与展望，以便对企业的经营风险、信用风险、市场风险等诸多问题有更多清晰的判断。第二，希望能够发展出更有效的算法来帮助我们了解已经获得的数据和我们所需要的信息之间的关系。虽然现在有名目繁多的大数据征信、大数据企业画像等商业概念，但其背后的逻辑却并不清晰。尽管《大数据》一书中认为大数据的魅力在于超越逻辑而获得事物之间的关联，但如果将视角放之于长远，我们难免会担忧当某种逻辑发生变化后，那些基于历史的数据所给予我们的某些结果，有可能会在未来让我们遭受不利。第三，希望能够获得更优越的人工智能支持。尽管现在智能投顾等方面的金融人工智能正在发展，但目前的成果还远不够满足需求。比方说，当前的人工智能虽然已经能够处理一些后台的问题，但在处理与客户直接沟通的前台问题上，人工智能仍显薄弱。那么，如果有谁能够在这个方向上有所突破，发展出能够用自然的方式与客户进行有效沟通和博弈的人工智能，就一定会得到非常好的商业机会。

那么，对于一个专精于信息科学技术的科学家或工程师来说，是否选对一个研究方向且做出一定研发成果就必然带来良好的商业价值呢？从作者的观察看，这个问题的答案是否定的。作者认为，在科技成果向商业成果转化的过程中，科学家和工程师至少需要注意以下几个问题：第一，需要认识到商业活动与科研活动遵循不同的规律。科研活动的目的是探求科学技术的客观规律，讲求一丝不苟、术业精专，不能用主观来替代客观。而商业活动的目的是通过满足客户需求来实现经济利润，所以其整个过程中必然要讲究情感互动、相互妥协。以作者的观察，一位优秀的科学家或工程师并不总是同时具备两种性格，这就会导致其在商业活动中思路偏于狭隘，行动偏于僵化，往往并不容易取得商业上的成功。第二，有些科学家或工程师对于商业活动中所涉及的法律法规与商业技术了解不足。其后果往往会出现两个极端，一个极端是对自身成果价值估计不足，导致自身在商业活动中被"贱卖"；另一个极端则是对于自身成果价值估计过高，导致无法找到合适的合作伙伴。第三，由于科学家和工程师的人际交往圈结构较为简单，有可能缺乏合适的商业伙伴，这就有可能导致以科学家和工程师为中心的商业团队最终无法使其持有的科研价值得到最有效的释放。那么这些问题应该怎样解决呢？最可能的方向有两个：一是科学家或工程师自己发展商业技巧，使自己成为优秀的企业家。比如微软的盖茨和艾伦、谷歌的佩奇和布林等等。二是将企业的管理权交给合作伙伴，自己发展技术。比如思科的桑迪和莱恩。两种方法的孰优孰劣是个见仁见智的问题。不过，回想微软和思科这两家伟大公司的创业经历，以及盖茨与桑迪在人生轨迹上的差异，总能让人受到启发。

专栏2-2　　　　　思科与微软

关于思科和微软是做什么的，恐怕即使是对IT行业没那么了解的人也会如数家珍。在上世纪80年代，这两家初创的公司都获得了早期的成功，基本上算是完成了从实验室到工厂的技术转化，于是，两家公司都开始去寻找后续的发展资金。

思科最终选择了和红杉资本合作，并签订了一个"有趣"的协议：①释放29%的股权来获得250万美元。②创业者莱恩和桑迪夫妇放弃对公司的管理权，由专家红杉资本负责后续经营。于是，后来的故事就顺理成章的发生了：投资人找来了一个CEO，在公司里架空了创始人夫妇；CEO和以前负责经营的桑迪不断冲突，最后桑迪愤然辞职；然后，不忍心看到妻子独自离开的莱恩也离开了公司。而且，最后，夫妇两人出于义愤，卖出了自己持有的全部股权，获得了1.4亿美元的收入[1]。

---

[1] 公司当时的市值大约10亿美元，但峰值时，市值的规模为5600亿美元。

在同一时期，微软也接受了一笔100万美元的投资，代价是释放了5%的股权。而且，盖茨没有出让微软的管理权。在以后的日子里，微软也接受过其他投资，但释放的股权都很少，而且也从未出让过公司管理权。公司的另一位创始人艾伦，因为身体原因离开了微软，但始终保持着与盖茨良好的关系，也从未放弃过微软的股票。这样，当微软上市之后，盖茨和艾伦都成了美国最富有的人。

第二节 作为应用的信息化

一旦某种新技术得到发展，随后而来的商业机会就是如何将技术转化为具体的场景应用。例如 ARPA 网的主要目的是为美国军方提供军事通信；后来出现的 NSF 网的主要目的则是为了提供科研服务。然而，今天互联网已经成为了我们生活中无法缺少的一部分，其应用远远不限于军事和科研用途。同样的，我们今天所谓的物联网、3D 打印、AR 设备等等新鲜的概念其实和早期互联网都非常相似——这些技术本身属于工具，并没有非常明确的应用指向性，当应用其中的某些技术来解决某些场景下的具体问题时，这些技术就会产生新的应用价值。

事实上，在很多企业下设的研究院或实验室中，基础研发和场景应用的界限并不那么清晰。而我们将两者进行区分的主要原因，是希望辨别两者之间不同的价值构成：在技术的场景应用过程中，关键的问题是发现需求并组织技术实现，而不是在理论或技术方面形成突破。因此，工程师作为技术的掌握者，在整个场景应用的实现过程中，更多的是作为一个系统工程当中，完成某个具体功能的工作人员，其角色的重要性当然会下降。而通过组合既有资源来产生新价值的企业家，显然发挥了更重要的作用。换言之，在信息科学向信息技术转化的过程中，科学家和工程师是核心；但在具体场景应用方面，企业家是核心。

从事投资行业的朋友应该会发现，虽然这个分析方法看起来很简单，但在研究企业核心竞争力问题的时候却令人意想不到的好用。在当前"大众创业，万众创新"的整体氛围下，摆不清自己位置的创业者实际上大有人在。归纳起来，大概有三类。

第一类是过度强调技术的领先性。这一类的创业者通常会反复宣扬自己所掌握的技术有多么领先，以至于能够在未来取得多么辉煌的成功。如果进一步对其技术尽心调查，虽然能够看到某些发明专利或实用新型专利，但再深入一步去分析其技术原理，则绝大多数的项目根本算不上是从信息科学转化而来的重要技术成果。这些技术即便可用，但竞争者用类似或不同的技术路线也未必就不能实现其功能。

第二类是制造伪场景。这类创业者会强调自己的产品很有应用价值，并摆出若干很有前景的需求场景。但仔细推敲其需求场景，就有可能发现，有些场景实际上是企业家对客户需求把握不够准确而形成的伪场景。按照作者的观点，对于应用类的信息化，其价值高度依赖于它所能解决的问题，所以，只要出现伪场景的情况，创业企业就不可能有多大的价值。

第三类是轻视企业的管理经营。这类创业者认为信息科技类企业前景光明，且由于行业特点，在企业结构、经营管理等方面都和传统行业有较大差异，所以就放松了对企业的日常经营管理。这其中比较有代表性的问题有两个：其一是忽视资金链的稳健性，认为在钱花光以前，总会有投资者再投进来，但由于投资市场也有起伏周期，一旦资金链断裂，所有努力都可能付之东流。其二是忽视企业的盈利性，关于这个问题，可能是信息科技企业特有的一个毛病，总是认为企业的价值体现在活跃用户数量等非利润指标上，对于盈利性问题关注不够，甚至还会为了提高非营利性指标，而应用一些使盈利性恶化的商业模式。事实上，这些企业家忽视了一个基本情况，在全球范围，互联网泡沫正在溃散，投资者已经越来越意识到，投资企业所能得到的价值，说到底还是靠企业的利润，而不是靠对企业未来的估值。因此，如果企业家继续忽视企业的盈利性，有可能很快就被资本市场淘汰。

作为场景应用方向的创业者，一定要清楚并不断发掘自己作为企业家、而不是作为科学家的价值。应该明确地了解，信息科技企业的企业家和其他行业的企业家，在本质上没有任何不同。发现场景需求、组织技术实施、管理日常经营，永远是作者为创业者时刻保持警觉的工作。

第三节　作为系统的信息化

信息化的第三个层面是为一项或多项信息技术的应用设定相应的规范，使之成为一个系统。所以，这个过程至少包括两个完全不同的类型，一个是建立技术的系统规范；一个是以技术为基础重新构建人和人之间的构成的某种关系（实际上也是一个系统的概念）。

技术的系统主要是建设各种技术协议和技术标准，以便于技术的应用者们能够在一个共同的环境下开展工作，并让彼此的工作能够兼容。这种技术的系统并不是在信息化进程中特有的现象，在工业化的案例中，这种情况比比皆是，而且也正因为如此，今天我们可以在加油站用同样的加油枪给汽车加油，我们可以用手机给其他国家的手机用户打电话等等。而如果某个系统缺乏这种兼容的能力，就会使很简单的事情变得很麻烦。比方说我国的民用电压是220V，而在另外一些国家，他们的民用电压可能是110V或者别的，这样我们就不得不去买几个适用于当地电压情况的转换器。才能在那些国家正常使用国内的电器。在信息化的情境下，这种技术的系统变得更为重要，一旦一个系统被建立起来并且被纳入到某个更大的技术系统后，其地位通常难以动摇[1]。如果某个技术系统被盈利性公司所把持，那么这家公司的价值通常会相当大，也正因为如此，企业才总会有动力在力所能及的范围内去控制某种技术系统[2]。

然而，技术的系统实际上还只是一个技术问题。以信息技术为基础重新构

---

[1] 比如在通信协议中的 TCP/IP 协议。

[2] 例如，美国高通公司仅通过其控制的 CDMA 专利技术一项，就向全球超过 130 家电信设备制造商收取了数百亿美元的专利使用费。

建人和人之间的社会系统，才是一个更加复杂的问题。在信息技术普遍被应用的时候，现有的社会系统是否已经能够兼容那些由信息化带来的改变？作者估计，由于很多技术没有明确的指向性，我们还不能对这个问题进行全面的评估；不过从已有的情形看，现有的社会系统很可能无法兼容未来的信息化进程。比方说，在 Facebook 最初作为一个社交平台出现在公众面前时，可能很少有人会意识到，人们可以通过 Facebook 去引发蔓延各国的颜色革命。又比如，人们到现在为止也不太清楚，到底应该把维基解密的阿桑奇当成一个罪犯还是当成一个英雄。再比如，传统上政治正确的言论自由和网络上不负责任的肆意造谣之间如何求得一个统一？

专栏2-3	阿桑奇和他的维基解密

阿桑奇本人是一个有名的黑客，从16岁起就开始了他的黑客生涯。20岁时，曾因为黑客行为而遭到起诉。

阿桑奇有一个不平凡的世界观，他认为世界上的冲突主要来自个人与机构，机构对个人隐瞒真相，从而对个人进行统治。为了反抗这种统治，阿桑奇试图通过泄密的方式来破坏一个政权内部的沟通线路，从而缩小那些阴谋家之间的信息交流，直至将这种内部密谋彻底消除。基于这种理想，阿桑奇于2006年发起成立了维基解密。并通过搜集网络信息和匿名者提供的信息，向公众披露各种政治机密。

有些人认为阿桑奇是一位罗宾汉式的英雄，而另一些人则认为他破坏了社会秩序。尽管多国政府都对其进行了不同程度的迫害，但也有很多人随时愿意为他提供帮助。

显然，在信息技术的作用下，人和人之间的关系确实在发生变化。每一个人都拥有更多的渠道来表达自己的想法，每一个人也都有更多通道来获得信息。个人的力量通过网络可以被放大，拥有同一种观点的个人，实际上更容易找到自己的伙伴，并与那些和自己意见相左的人形成更明显的对立。

专栏2-4　　　　　　　　希拉里竞选总统的两次失败

　　2008年和2016年，希拉里两次参加美国总统大选。在2008年民主党党内初选中，希拉里输给了当时名不见经传的奥巴马；而在2016年与特朗普的竞争中，尽管一路领先，最终还是再遭败绩。

　　2008年党内初选，希拉里在声望和实力上都远超奥巴马，但为什么会失败呢？根据后来的分析，在2008年，社交软件已经开始得到较为广泛的应用。而希拉里团队并未意识到这个巨大的变化，仍然使用比较传统的竞选策略。而奥巴马通过互联网，低成本、高效率地传播着自己的理念，最终获得了大量互联网用户和社交网络用户的支持。

　　2016年总统大选的情况更为特别。特朗普完全打破了惯常的竞选套路，多次打破"政治正确"的忌讳，却仍然取得了胜利。关于其中原因，相关专家也没有得到一致的结论。但所有人都不否认，维基解密对希拉里的持续爆料，必然是导致希拉里败选的原因之一。

　　在信息化的作用下，另一个显著的事实是，不断增加的信息已经超过一个人所能接受的极限水平。此时，信息不再是一种稀缺资源（或许有效信息还是稀缺的，但信息肯定不稀缺），人们的精力则相对于信息更加稀缺。此时，必然会出现人们更愿意通过少量的信息节点来获取信息，而不是在整个网络里去获得信息。因此，在互联网上，常态是垄断而不是平等。这也意味着，在信息化条件下，某些信息节点将获得相当大的权利——它可以将根据自身意识形态制作的内容反复对相当比例的人群进行传播，从而对这些人施加影响，最终达到某种目的。随着这种能力逐渐被发掘，原有的人类社会秩序同样也会受到挑战。我们今天所使用的商业制度来自于500多年前的大航海时代，而宪政制度则来自于200多年前的法国大革命时代。这样的商业制度和宪政制度是否适合信息化条件下的新需要呢？在可以预见的未来，随着智能翻译水平的进步，人们必然会打破语言之间的障碍。那么，在未来，人类是否有可能第一次以真正超越地域边界，通过共同理想或意识形态来构造某种人和人的关系呢？

事实上，如果不局限于信息化的范畴，那么我们可以清晰地看到，在未来三十年中，可控核聚变、量子计算和人工智能这三个领域都有可能取得重要突破。而这些技术突破会带来什么？

首先，可控核聚变技术一旦可以投入生产领域，就意味着人类有可能第一次获得远超过人类需求的能源供给，而且这种新的能源供给几乎没有什么成本。那么，今天的很多问题都会迎刃而解。比如温室气体排放问题、耕地不足问题、淡水缺乏问题等等。显然，这个技术的实施是大好事。

其次，量子计算技术一旦成熟，就意味着人们的运算能力能够获得本质上的飞跃。未来的一个能放到口袋里的设备或许就能提供今天全球所有计算机所能提供的算力。对于所有计算机设备的使用者来说，无论他出于什么目的使用计算机，更高的算力都是更好的结果。所以，显然，这个技术的成熟也是大好事。

再次，人工智能在未来可能获得很大的发展。在深蓝战胜卡斯帕罗夫的国际象棋对局中，计算机在记忆力和反应力方面已经超过了人类的最高水平；那么在 2017 年年初，阿尔法狗（AlphaGo）升级版（化名为 Master）对战人类最顶尖围棋棋手，竟然取得 60 连胜的战绩，完全已经说明计算机在直觉上相对于人类最高水平的优势。当然，人工智能能够帮我们处理的问题远远不是陪我们下棋，从汽车到中央空调，人工智能在我们身边无处不在。更高水平的人工智能意味着它们能够为我们提供更好的服务。

然而，如果把这三个技术放在一起考虑呢？是三件大好事叠加成一个更大的好事吗？其实未必。虽然作者不认为失控的机器会像电影《魔鬼终结者》里描述的那样对人类赶尽杀绝，但是只是从经济学的 ABC 出发，就很容易看到一个并不乐观的局面。记得作者第一次将这个问题与其他同事进行沟通时，那位同事的第一反应就是提了一个问题——那样不是就有很多人没用了吗？那位同事能有这样的第一反应，实际上说明他的经济学功底深厚：在主流经济学中，人所提供的劳动力是一种生产要素，而其获取的工资就是对其提供的劳动力的报酬。那么，如果先进的技术不但能够实现"机器制造机器"，同时还能实现"机器设计机器"，人作为劳动力的价值就变得很低。特别是在能源供给非常充分的情况下，使用劳动力更是一种生产成本上的"浪费"。这样，除了一部分有科研能力或掌握技术的科学家和工程师以外，绝大多数的人可能只有在那些必须要由人来提供服务的行业里，才能找到工作机会。问题是，在人工智能日益进步的情况下，必须由人来完成的工作恐怕会越来越少。那么，会出现什么问题呢？在资本主义生产方式下，结果必然是少数人的绝对富有和大部分人的绝对贫困。有一个经典的故事描述了这个荒谬的现象：

寒冷的北风呼啸着，一个穿着单衣的小女孩蜷缩在屋子的角落里。"妈妈，天气这么冷，为什么不生起火炉呢？"小女孩在瑟瑟发抖。妈妈叹了口气，说："因为我们家里没有煤。你爸爸失业了，我们没有钱买煤。""妈妈，爸爸为什么失业呢？""因为煤大多了。"如果技术取得更大的进展，这个故事可能变得更加荒谬：或许故事里的孩子会问妈妈为什么缺乏某种东西，妈妈会告诉孩子，因为有了人工智能就不再需要孩子的爸爸去工作；或许孩子会问为什么要发明人工智能，妈妈或许会回答，因为人们不想工作。

作者认为，探讨信息技术对人类社会系统的影响，或者说研究人类在新的信息技术条件下如何发展人类社会系统，将是人文社科领域与信息科学技术领域共同需要面对的一个关键问题。如果有的读者朋友是人文社科方面的研究者，请一定要留意人类信息化的进程。在这个由信息科学技术推动的巨大变革中，信息化不仅仅是一个技术问题，更是一个关乎人类命运的大问题。

实际上，正如前文所述，时至今日我们也没有一个关于"信息化"的标准定义。但不论我们如何定义"信息化"这个概念，"信息化"都正在不断地改变着我们的生活：当我们在马路上使用手机看一个朋友发在他朋友圈里的视频时，我们觉得这可能是一种常态，好像我们本来就是这样生活一样。但事实上并不是：能使用 3G 的 IPhone 手机在 2007 年才出现，而我国更是在 2009 年 1 月才发出 3G 牌照。至于回家开门时用的智能锁、驾车时使用的自适应巡航系统、在外面吃饭时刷卡结账等等生活场景实际上都是"信息化"实实在在的应用，而在我们不直接体验的地方，"信息化"应用的场景则更多。

在这一章中，作者并不是图重新定义信息化，而是试图对信息化进程的不同侧面进行区分，以帮助读者结合自身知识背景与工作背景去思考，自己在信息化的进程中，有可能获得什么样的机会。对于科学家与工程师，在研发领域有所贡献，并用合适的商业手段将自己的贡献转化为实实在在的价值；对于企业家，在技术应用方面可以谋求商业机会，其要点是能够准确地发现"痛点"，并能够有效地组织技术实施；而对于人文社科领域的研究者来说，新的技术条件所导致的人类社会系统变革，可能也是一个存在大量研究乐趣的领域。

第三章 ●●●○

金融业的两面：信息与权力

在第一章中，我们重新划定了经济、金融、经济学和金融学等概念的边界。那么，在这一章中，让我们把焦点集中在金融行业上，一起来探索金融行业的特点以及这个行业可能存在的某些问题。

在正式讨论之前，需要做一个简要的说明。通常，一个企业应该是什么和这个企业事实上是什么并不总是一个完全相同的概念。比如一个食品企业应该是为消费者提供符合健康标准的食品，但这个食品公司可能为了利润而损害消费者健康，比如含有三聚氰胺的奶粉；一个制药企业应该为消费者提供有治疗效果的药品，但这个制药企业可能为了利润而偷工减料，比如不含丹参的复方丹参滴丸，等等。实际上，从我们身边的生活经验上就不难发现：尽管我们可以在教科书或企业简介中看到企业应该是什么，但我们只能通过结果来研判企业事实上是什么。

金融行业的理想状态应该包含如下几个要素[①]：第一，通过金融行业以及金融市场可以形成一个对处于一定风险水平上的借款人使用资金所需支付利息的合理报价。第二，在资金作为稀缺资源的前提下，将资金从资金闲置者手中向资金缺乏者手中进行合理的配置，从而实现社会整体资金的最优配置。第三，

---

① 关于这些理论问题，前两点可以参考弗雷德里克·S·米什金：《货币金融学》，人民大学出版社，2011年版；后一点是作者自己的观点。

上述两点无论是为了帮助生产者维持和扩大生产还是帮助消费者在整个生命周期中、在合理的范围内进行更优的消费，其最终目的都是提高生产力水平，并使整个社会生产的进步惠及每一个居民。

然而，现实的情况却更为复杂。

第一，从全球角度看，除了部分央行和少数有特殊目标的政策性银行以外，绝大部分的金融企业都是企业，其经营目标是追求利润。在其经营过程中，金融业的理想状态只是其追求利润过程中的一个副产品。当目标和副产品发生冲突时，金融机构一般不认为自己有义务要放弃目标来保全副产品。以美国为例，在 2007 年次贷危机爆发后，摩根大通、花旗银行、美洲银行、摩根士丹利以及高盛等美国最知名的金融企业都曾被美国证券交易监督委员会（U.S. Securities and Exchange Commission，简称美国证监会或 SEC）以危机前误导投资者为由处以罚金。而这些金融机构也通过私下和解的方式，在事实上接受了美国证监会对其不当行为的指控。回顾整个事件，在次贷危机发生前，美国知名的金融企业起到了酝酿并扩大危机的作用；而在危机爆发后，这些金融企业仍通过做空 CDS 和做多债券等手段进行投机，并没有起到稳定金融市场、恢复金融秩序的作用。

专栏3-1　　　　　　　　说谎者的扑克牌

《说谎者的扑克牌》自一本"古老"的投行故事书。这本书记录了主角在80年代后期供职于所罗门兄弟公司的经历（当年号称"华尔街之王"的所罗门兄弟公司后来被旅行者集团收购）。在这本书中有这样一个故事，主角作为财务顾问，有一个德国客户。这个客户对他非常信任，两人关系也很融洽。但有一次，公司的自营部门急于脱手一批很快就会出问题的债券（这主要是因为公司消息灵通），于是，书中的主角便巧舌如簧地向德国客户推销，而客户买入债券后，在很短的时间里就亏损了6万美元。然而，公司的同事却因为此事把主角当成了一个英雄，虽然主角心里也为德国客户的"不幸"而难过，但主角也同样非常享受其他同事对他的敬佩之情以及丰厚的奖金。

其二，即便金融企业愿意以追求理想的金融行业为目标，但由于金融企业中存在明显的"委托人－代理人"问题，也会导致金融企业行为与理想中金融企业行为的偏离。由于金融业务既需要大量资金，又需要工作人员拥有专业技能。所以，现有大型金融企业中，罕见股东与高管是同一个主体，且高管也需要下面各级经营者来完成具体的经营目标。这就导致在金融机构中，每一个核心的经营者或业务人员，在开展业务时往往具有很高的自由度。在另一方面，金融机构中激励士气的主要手段仍然是根据业务情况给予高额奖金。这样，在现有通行的制度下，就会出现权利与义务的不对等：业务成功将给雇员带来高额的奖金，而业务失败的损失由金融企业承担，对雇员最大的惩罚通常仅是解雇。于是，各级经营者必然会着力追求短期利益。放眼全球，这一情形的祸害业已遍及天下。在历史上，巴林银行、大和证券、法国兴业银行等金融机构都曾经因为雇员不合规地开展高风险业务而遭受巨大损失。至于为了私利，不惜损害整个金融行业的声望与利益的行为也不罕见，例如，巴克莱银行操纵LIBOR、汇丰银行为恐怖分子洗钱等等。

专栏3-2 　　　尼克·里森与巴林银行的破产

　　巴林银行是英国一家以经营资产管理为主业的银行。里森是巴林银行在新家坡的交易员。由于制度设计上的问题，里森还拥有查阅账目、进行审计的职能。于是里森想了一个好主意，就是偷偷地开了一个新的交易账户。当他所持有的资产盈利时，他就会保留盈利；但如果他所持有的资产亏损，那么他就会用新账户买走亏损的资产。对里森来说，最大的好处就是他所管理的交易账户一定是赚钱的，从而可以一直获得丰厚的奖金。但对于巴林银行来说，风险却在一点点被累积。当这些亏损无法被遮掩时，人们发现巴林银行大约背负了6亿美元的亏损，已经超过了巴林银行的资产，于是这家18世纪成立的银行，不得不以1英镑价格出售给荷兰ING集团，才算保住了字号。

简言之，无论我们对于金融行业的价值给予多大的期望，只要大量存在以利润为目标的金融企业和以短期利益为驱动的金融从业人员，金融业的现实就一定会离理想很远。各国金融监管部门都试图通过严格的监管来缓解理想与现实的矛盾，然而只要上述两个问题没有解决，单方面强调金融监管或者要求金融行业自律，都只是扬汤止沸，缘木求鱼。

在讨论了金融行业的理想与现实之间的差异之后，我们不妨来再深入地去剖析一下金融行业的本来面目，然后再让我们静下来想一想，金融行业今天的问题应该从什么角度进行化解。

第一节　作为信息载体的金融业

在第一章回顾的关于金融行业的定义中，金融行业被视为是一种与货币和信用的发行与流通密不可分的一个行业。有的读者可能会好奇，货币和信用与信息有什么关系呢？

首先，我们来看货币。从历史上看，贝壳、铜钱、黄金或白银、布帛、绢丝等等都曾经普遍起到过货币的作用。另类一点的有猪牙和狗牙（所罗门群岛）、可可豆（中美洲）、盐（东非）、白鹿皮（汉武帝的创造）等等。到了现在，全球范围内比较流行的货币形式是纸币和电子货币，以及正处在萌芽状态的数字货币。如果从外在形式上看，这些充当货币的东西基本上没有什么物理上的共同点，但在不同情境下，这些东西又都被当做货币。可见，货币的物理形态并不重要，重要的是货币所承载的信息以及货币背后所凝结的人与人之间的关系。那么，货币背后应该具有什么信息呢？按照通常的说法，货币需要能够执行价值尺度、流通手段、支付手段、贮藏手段和世界货币这五种职能中的全部或部分职能。那么，这五种职能是否必然要有一个有形的"货币"来执行呢？答案是否定的。货币作为价值尺度，本身就是反映了一种交易信息，其目的只是为双方交易提供一个计价标准，在这个场合下，根本不需要有实体货币出现。

货币作为流通手段和支付手段时，反应的是货币所承载的价值在买卖双方中的一种让渡，实际上也不必然需要有形的货币。同样，只要被贮藏的货币能够被记录、被确认，且这些作为贮藏手段的货币背后所反映的价值能够得到保存，那么货币作为贮藏手段也没有必要是有形货币。至于世界货币，如果各国之间能够相互信任，那就不需要用黄金这样的有形货币来做结算，事实上，我们现在使用的结算货币也就是有限的几种货币，且结算过程也主要是转账而不是有形的纸币交割[①]。

其次，我们来看看信用。按照通常的定义，信用（Credit）是指以获取利息为目的的借贷关系。这个东西和货币相似又不完全相同。

说相似，是因为信用也可以像货币一样作为某种支付手段。比方说，如果我们去不熟悉的饭馆吃饭，通常必须在吃完饭之后立刻结账，此时，我们使用了货币作为支付手段；但如果是家门口的饭馆，我们和老板已经很熟悉，那么吃完饭之后记账也可以。此时，食客向饭馆支付的就是信用，虽然最后仍然必须结账，但至少在一段时间内，信用就代替了货币，并且实实在在的参与到了流通领域。在商业活动中，信用的重要性可能并不比货币来得小。比如，在商业银行体系中，当一笔钱投入到商业银行后，银行只需要保存一定比例的存款准备金，就可以将其他货币转借给他人；而其他人收到这样一笔贷款后，往往以存款或支付的形式来使用这笔贷款，而这些钱实际上仍然留在商业银行体系内；于是银行就可以再一次重复这个过程，进一步扩大贷款。在这样一个过程中，一单位的货币可以支持总额大于一单位的贷款，这就创造了信用。在商业银行学中，描述这个过程的概念是货币乘数，也就是当一个单位的货币投入到商业银行体系中，可以创造出多少信用。理论上，这个货币乘数不超过1减去存款准备金的差的倒数。如果用最近媒体上经常出现的M0、M2来做一个近似的比喻，那么，M0就接近于我们说的货币，而M2和M0之间的差额部分大概就可以算是信用。

不过，信用显然又不是货币。信用本质上所反映的是一种借贷关系，而不

是像货币那样反映交换背后的价值。可以说，在现代商业体系的角度看，信用是基于货币的一种衍生产品而不是货币本身。在信用与货币的若干差别中，最重要的一点是：信用的主要发行方不是国家，而是商业银行体系①。而作为一种商业机构，商业银行会根据自身的利益来确定其发行信用的方式与规模②。所以，尽管信用在经济发展中可以起到很积极的作用，但由于商业银行和其他商业企业一样，在繁荣时期容易过度乐观，而在衰退时期容易过度悲观。这就使信用往往在繁荣时期出现扩张，进一步导致过度繁荣；并在衰退期出现收缩，从而造成进一步衰退。

那么，信用本身是不是一种信息呢？答案应该是肯定的。从本质上说，信用所反映的借贷关系，本身就是一种信息；而从应用的角度上说，信用所发挥的类似货币的流通手段功能，同样也是一种信息。

综上所述，无论载体是黄金、纸币，还是商业合同或者一纸欠条，货币和信用其实都是某种形式的信息。这就意味着不管什么类型的金融企业，其工作内容本质上也都是信息搜集、存储、整理、确认和分发等工作的全部或部分。所以，金融行业天然上就与信息科学技术和信息化产业密不可分，信息技术中的很多内容都有可能在金融行业中得到应用。

第二节　作为权力载体的金融业

在比特币流行的2012年，很多人认为比特币总量确定、发行规模公开透明、通过区块链技术还可以帮助比特币用更简单的方式进行交易和结算，而且比特

---

①　除了企业通过赊销赊购的方式所提供的商业信用外，银行信用、国家信用以及消费信用这些主要的信用类型都主要是通过银行体系来完成。这就使商业银行在整个金融体系中拥有不可替代的重要地位。

②　按照传统的理解，银行发行信用的基础是货币，所以是货币决定了信用发行的范围；但在一些新的观点中，由于资产证券化技术的成熟，以及证券化产品市场的繁荣，银行理论上可以通过"吸收存款 - 发放贷款 - 贷款证券化回笼资金 - 继续发放贷款 - 继续贷款证券化"的流程大大地扩充其所能发行的信用规模。因此，在整个金融体系中，商业银行在信用发行过程中所表现出来的权力已经不亚于中央银行了。

币的初始分配甚至还有一点儿符合"按劳分配"的"正义"，简直就是一种完美的货币形态。所以，不少学术界和实务界的专家把比特币当成是人类货币的未来发展方向。从理论上看，这种观点其实没什么毛病。但作者当时却认为，比特币这种东西，现在不会，而且在可以预见的未来，都不可能成为被各国承认的货币。为什么作者会有这样的判断呢？答案是金融有作为权力载体的另一面。

金融行业的权力既不难理解，也不难观察。比如，如果我们向公众承诺一个存款利息，并吸引他们把资金存到我们这里，我们会触犯《刑法》里的"非法吸收公众存款罪"；如果我们注册一个公司，然后向公众发行股票来筹集股本资金，我们会触犯《刑法》里的"擅自发行股票、公司、企业债券罪"。为什么金融企业可以做的事情，我们却不能做？因为这里面涉及到一个权力的问题。金融企业合法经营的前提是相关监管部门的认可和授权，监管部门会根据相关的标准来确定其经营资格，并决定其是否有条件来开展业务。一旦被监管部门认可，就意味着国家承认该企业的资质与能力，并受到法律的保护。有的朋友会认为，对金融机构的授权实际上和工商注册之类的工商行政管理没有什么差别。事实上，单纯从授权形式上看，确实没什么差别，但是，金融行业的特殊性，使得对金融企业的授权具有更为深刻的权力含义：金融信用的发行权。

在前文中曾经提及，货币和信用虽然并不是同一个概念。但是，由金融行业（特别是银行业）产生的金融信用在某些情形下可以发挥和货币相类似的功能。这样，信用的发行权实际上是一个非常重要的权力，几乎等价于发行货币①。那么，金融行业拥有这样一种权力，对于实体经济会产生什么影响呢？作者认为其主要影响有两个。

第一，从长期看，广义货币必然超发。

在很多金融理论研究中，研究者会混淆信用货币的稀缺性和社会资本的稀缺性之间的关系，以至于社会资本的稀缺性基本上被视为是信用货币稀缺性的

———————————

① 事实上，在货币的统计口径中，狭义货币、广义货币等概念实际上都反映了商业银行所发行的信用。

不同表述 [①]。按照这一观点，由于货币是稀缺的，所以，货币的借出方就应该为这种稀缺性而收取相应的利息。在金本位时代，这种观点大体是正确的。这是由于在当时作为货币基础的黄金是稀缺的，且难以超发。这样，按照一定的定价方式，黄金就可以反映资本的稀缺性。但在信用货币的情况下，信用货币通常是以国家信用和国家强制性为基础发行的信用凭证，而并不是基于社会资本发行的资本凭证 [②]。如果货币发行者 [③] 严格按照某种标准来控制信用货币发行 [④]，那么信用货币也可能是稀缺的；但如果货币发行者缺乏货币发行标准，或缺乏执行货币发行标准的力度，那么，货币也有可能是泛滥的 [⑤]。图 3-1 显示了美国 [⑥] 的广义货币与 GDP 的规模与增速。显然，广义货币增速一般都要高于 GDP 增速。这意味着同样的东西，需要更多的广义货币去购买——物价上升或者说通货膨胀几乎不可避免。那么，为什么货币发行者有动力超发货币呢？

　　首先，在避免国家信用破产的前提下，货币发行者理论上也可以在一个较大范围内决定信用货币的发行量。换言之，货币超发（或者叫'量化宽松'之类听起来好一些的名字）是完全可能的。

---

① 这也是主流的观点，关于对于这种观点的认识，可以参考弗雷德里克·S·米什金：《货币金融学》，中国人民大学出版社 2011 年版，第 53 ～ 63 页。

② 在本书中，如无特殊说明，信用货币就是指广义货币。

③ 按照广义货币的定义，央行作为基础货币的发行者、商业银行作为金融信用的发行者都属于货币发行者的范围；如果是按照基础货币的定义，货币发行者只有央行；在本书中，货币发行者是广义货币发行者的概念。

④ 比如香港的货币局制度。

⑤ 比如国民党政府败退台湾前的金圆券，4 亿元（按照最初 1 金圆券兑 300 万法币的比例，相当于 1200 万亿法币，而法币 1935 年最初发行时，1 法币可兑换英镑 1 先令 2.5 便士，按当时英镑的含金量，这相当于 0.4 克黄金，所以那时的 100 法币可以购买 1 头牛）只能买入 1 石（约 120 市斤）大米（1949 年 6 月）。类似的情形在德国魏玛共和国时期也曾出现，为了偿还战争赔款，德国人开动印钞机，让纸马克分文不值，以至于 10 万亿马克才能兑换 1 美元（当时 1 美元含金量为约 1.37 克，约相当于现在的 60 美元）。而最具有想象力的是津巴布韦，2015 年 6 月，政府允许公民用 175 千万亿兑换 5 美元的比例来兑换美元，而这个比例在 1980 年是 1 津巴布韦元兑换 1.47 美元。

⑥ 这里选择美国作为案例的主要原因是美元的国际地位和美国相对稳定的货币体系。

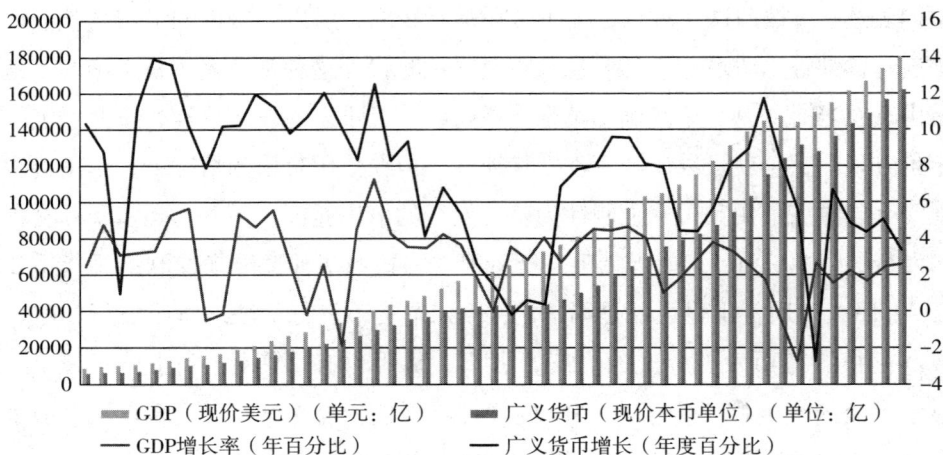

图 3-1　1967-2015 美国广义货币与 GDP 的规模与趋势

　　其次，超发货币能够给货币发行者带来"铸币税"，在金本位时代，这个概念很好理解。比如，国家用 0.7 两白银和 0.3 两锡铸造面值为 1 两的银币，那么 0.3 两白银与 0.3 两锡之间的价值差异就是国家在铸币过程中"以次充好"的利润。这是对其他国民利益的侵害，但对国家来说是一种利益，所以被称为"铸币税"。在信用货币年代，这个概念在不同场合有不同的定义，大体说来，"铸币税"可以近似地理解为货币发行者通过垄断权力发行信用货币的利润。

　　此外，货币发行者还可以通过通货膨胀侵占整个社会的财富。在一些学术观点中，这个事实也被视为是一种"铸币税"。为求清晰，作者在这里作为一个新情况来进行说明。我们知道，在金本位时代，黄金铸币总可以和当时社会总资本建立一种相对稳定的关系。由于金融体系不能直接提供黄金铸币，而且金融体系最终理论上又都必须把黄金铸币归还给投资者，所以，整个金融体系所能产生的金融信用也能被控制在一定范围。这样，金融体系在金本位时代所能发挥的主要作用是资金的融通与流通，其利润来源只能是通过利息和服务费的方式分享工商资本的利润，不能独立于整个实体经济。而在信用货币的情形下，由于国家可控信用货币发行规模，最终国家可以通过央行发挥"最后贷款人"的作用，保证整个金融体系中有足够的货币应付可能出现的偿付问题。这意味着只要国家能够不断提供基础货币，金融体系至少就能在某个历史阶段、通过某些手段不断地获得信用货币，并以此作为自己的利润，从而引发"空转"的问题。在这种情况下，金融体系的利润可以来自新增加的信用货币，而不是来自工商业利润的分享。这种情况并不难理解，假设现有工商资本的总和为100，金融资本总和为100，由于信用货币具有相同的购买力，工商资本和金融资本对于总价为100的资本拥有同样的购买权。而一旦信用货币增发100，由于新增信用货币是金融行业提供的，所以在货币增发的时刻，金融资本就提高到200，这显然会对工商资本更加不利。如果工商资本试图恢复到与金融资本相同的水平，就需要向金融系统借入50，而这部分资金因为有利息，所以对工商资本仍然不利。

基于上述理由，金融行业自然有动力不断超发信用货币。

第二，金融资产增值所带来的利润很可能超过经营实体企业所带来的利润，从而直接或间接地遏制实体经济的发展。

这实际上是信用货币体系现有运行方式的一个必然结果。我们可以想象一下，超发的信用货币只有两个使用方向，一个是投入实体经济，一个是留在金融体系。

如果增发的信用货币投入实体经济会发生什么情况呢？一旦进入实体经济的货币增长速度大于实体经济增长速度，就有可能会诱发通货膨胀。通货膨胀意味着商品价格提高，对于生产者和经销商来说，这是有利的改变，但对于消费者来说，通货膨胀则不是什么好事情，如果通货膨胀率过高，还容易激化社会矛盾。所以，金融体系必须想办法使信用货币尽可能留在金融体系当中。

如果信用货币流入实体经济，则最好流入总量固定且有耐久性的商品之中，使其产生某种金融资产属性。显然，土地、房产、文玩等物品就符合这种需求，在信用货币超发的情况下，其价值容易被不断推高。而消费品，特别是农产品或者工业快销品则不符合这种特点，其价格虽可能也有上涨趋势，但却不足以成为某种可以持续吸收超发货币的资产。尽管我们在小品种农产品和小品种矿物中也看到过资本炒作的具体案例，但这些炒作从不能在推高这些被炒作的商品价格后，使价格连续维持在较高的水平。这又是为什么呢？

简单地说，对于金融体系持有的超发货币来说，其选定的实体产品实际上是一种筹码，其意义在于通过不断吸收超发货币，而不是真的要求产品具有什么价值。如果这种筹码不稀缺，或者可再生，那么生产者通过不断提供这种筹码，就可以不断地和金融体系去分享超发的货币，这显然不是金融体系实现其"保值增值"目的的好选择。而如果这种筹码不耐久，那么当筹码发生自然折旧之后，凝结在筹码上的货币价值也可能随之消失，显然也不利于"保值增值"。按照这样的思路，我们总是能在若干商品中找到那些容易被金融资本当成筹码的商品；而参与这些商品所处的行业，也往往可以获得较高的利润。反之，不被视为筹码的行业，其利润就相对有限。

如果增发货币留在金融体系，那会出现什么情况呢？首先，参与金融资产交易的每一方都希望获取利润，所以，所有一般的金融资产[①]必须要有一个稳定且可观的预期回报率。其次，为了令那些期待更高期望收益的投资者满意，金融系统需要始终确保在每一个阶段都会吹捧出某些特定的热门板块，比如电子科技、健康医疗、数据分析等等。再次，为了满足投资者缺乏本金、不畏风险、追求暴利的需求，金融系统需要为投资者提供丰富的融资工具和金融衍生工具，以便投资者花很少的钱就能参与到对市场风险的"赌博"上。此外，金融体系所提供的金融产品和金融衍生产品的品种要越来越多、规模还要越来增大，以诱导超发货币不断投入到这个系统。

那么，将两个方面问题结合起来，我们就会提出一个问题：信用货币在什么条件下会离开金融体系并投入到那些与生产"筹码"无关的实体产业中？答案是实体产业的利润必须足够高、风险要足够小，在"风险－收益"这个维度上要优于金融机构内部"空转"，也要优于那些生产"筹码"的企业。这样，金融体系内部的资金自然就会流入实体企业当中。但现实情况完全没有那么美好，在实体经济中，成熟稳定的实体行业，往往由于市场竞争而利润有限；而那些技术并不非常成熟的创新型实体行业，虽然前景可期，但风险又相当高。所以，现实的情况往往是，中小型实体企业往往难以从金融体系获得资金（也

---

① 主要是股票、固定收益证券等，以对赌为目标的金融衍生品不在此列。

就是"中小企业融资难"问题）；而成熟的实体企业，也往往也会面对资金成本较高的问题（这个现象是"企业负担过重问题"的表现之一）。尽管国家和民众一直要求金融行业做出实际的改革动作，让资金能进入实体。但基于我们已经分析过的原因，现有的金融体系几乎不可能有本质的改变。

而且，大家千万不要以为金融体系不向实体经济提供资金，就是对实体经济的危害。实际上，那种情况充其量不过是不支持实体企业发展而已。更为重要的是，金融行业还可能诱使实体经济内的资金转移到金融体系当中，从而加速实体行业的凋敝。关于这一点，也并不难理解——对于那些无差异的货币资本，一个基本的原则就是等量资本获得等量报酬：同样是 100 元，如果可以随意选择不同的投资范围，那么，这笔钱理论上必定在每一个可以投资的方向上都能够获得同样的利润，否则，我们就可以把钱从利润率低的投资方向上撤出，并投资到利润率高的方向，使两者之间的收益率趋向平衡。这就意味着金融业资本必然要求和投资于实体经济的资本拥有相同的利润率。但值得我们注意的是，由于金融体系可以发行信用，所以，投资于金融业的资本还会获得因为金融企业发行信用而带来的额外好处，这就导致投资金融行业的资本的总体利润率要高于投资实体经济的资本的利润率。因此，只要有机会，实体经济的资本总有动力转向对金融行业投资。不过，由于金融行业受到监管，实体经济的资本即使想投资到金融系统，也往往不能如愿。这样，实体经济的资本就会向那些可以分享金融行业利润的、生产"筹码"的产业的上下游集中。而那些资本流出的实体产业，要么通过技术改造提高利润率来吸引更多的投资；要么就只能逐渐式微，最终消亡。而且这里面还有一个明显的事实：金融体系越发达，金融体系内部的投资回报率越高，这个过程的演变就会越快。

因此，考察一个国家的实体经济到底是能够发展还是会逐渐衰落，很重要的一个角度就是考察一个国家的实体产业发展阶段与金融行业的成熟程度。如果一个国家可以通过技术引进或技术研发来快速提高技术水平，同时，该国的金融体系又较不完善，金融业利润率较低，那么，这个国家的发展状况就会显现出技术水平较低的旧产业消亡而技术水平更高的新产业兴起的局面；一旦实体经济的技术水平增长速度放缓，金融体系就可能会逐步破坏掉原有的实体经济。在过去的几十年里，缺乏丰富金融体系，且主要通过技术引进来实现技术进步的中国就类似前者；而金融体系完善，且主要通过技术研发来实现技术进步的美国则类似后者。

综上，现代金融行业所获得的金融信用发行权是一个相当值得重视的问题。如果我们认为发行金融信用的权力和发行货币的权力是同样一种类型的权力，那么，这个权力最终应该归属人民，并交给政府进行管理。此时，金融行业就应该为了国家的利益、在统一的安排下来开展业务；同时，金融行业所创造的利润也应该成为政府的一种收入并最终用之于大众。这样，金融行业就被限定为一个为了国家和人民的利益来从事跨期资源配置的专业公共管理部门，而不再是为股东赚取利润的商业机构。如果是这种情况，金融行业就会更有计划且更为可控地发行基础货币和金融信用，从而避免为商业利润目的而进行的货币超发；同时，金融行业也会更有目的性的去扶持实体经济，而不是从实体经济中吸取资本。

当然，作者关于金融权力的这种假设绝对属于离经叛道的"异端邪说"，必然会受到主流学者的抨击。而且抨击的理由必然是：一旦金融行业变成了一个专业公共管理部门，就会出现腐败、效率低下之类的、政府机构"必然"出现的问题；同时，也必然降低金融行业的获利与金融创新的热情，进而导致金融行业日渐萧条，最终一定会令整个国民经济遭受堪比"计划经济"一般的损失。

然而，如果前文所分析的逻辑和所观察到的现象没有错误，那么，如果不进行一定程度的金融行业改革，现有的、以盈利性金融企业为主的金融体系对于实体经济发展的负面作用可能更大。

在这一章中，我们分析工作的最大成果就是我们发现了私有制下的金融行业所内生的某些不利于实体经济发展的特点。或者说，我们发现，按照金融行业现有的条件，我们不太可能让金融行业真正地去帮助实体经济发展。在正常情况下，这意味着我们要么放弃对金融行业支持实体经济发展的幻想，要么我们就放弃私有制的金融行业。

　　然而，现在的问题是，金融行业要按照市场化的方式运作，已经成为了一种"政治正确"；而我们又非常希望金融行业能自发地去支持实体经济发展。那该怎么办？作者认为，解决问题的关键方向，可能还是要回归到金融行业的信息属性上来。看看能否通过信息技术手段来重构金融行业的业务体系，令金融行业形成某种新的业务逻辑。从而把金融行业的盈利目标和促进实体经济增长的社会责任有效地结合起来。

第二部分
现状与改变

在第一部分的三章内容中，我们回顾了金融行业和信息科技的某些逻辑，作者也试图向读者朋友们分享一些自己的心得。那么，在这一部分的四章中，作者希望能和读者朋友们一起去观察目前已经发生和正在发生的一些事件。当然，在互联网普及的时代，只要肯花一些时间，这些事件基本上都可以找到相关报道，以及各种分析评论。所以，作者的目的并不是给读者朋友们提供什么新鲜的知识。在这一部分中，作者主要试图为读者朋友们展示一些基本的逻辑。

在第三章，我们曾经研究过金融这个行业的本质特点，发现金融业内生的一些问题。在第四章中，我们则回顾当前国际金融体系来龙去脉。如果说第三章是我们基于逻辑的分析，那么第四章的内容实际上就算是在揭露强权的压迫——现代金融体系并不是基于某种逻辑所得到的自然结果，而是美国凭借强大的国力施加给全球的一个结果。

正所谓"物不得其平则鸣"，在第四章，我们会探讨应该怎样利用我们拥有的条件来争取公平。

在第五章，我们分析信息技术对于不同金融业务会产生什么样的影响。基本的思路就是先去分析金融业务原有的逻辑，再看信息技术能够在原有逻辑的前提上带来哪些变化，然后用同样的逻辑去分析新的业务会是什么形态。

在第六章，我们分析互联网金融和金融技术行业的发展。在这些领域里，从业者试图用技术来解决金融中的某些问题。所以，主要的思路就是从金融的逻辑出发，看这些技术应用是否具有前途。

在第七章，我们讨论当金融业务发生变化时，金融监管部门应该做出怎样的调整和变化。和金融业务问题相比，金融监管问题无疑更加复杂，不仅是一个技术问题，同时也涉及到对金融发展方向的理解和判断。

第四章 ●●●○
现代金融体系的出现与演进

在这一章内容开始前，作者先表明一个态度：虽然作者花了十年的时间取得了金融学的博士学位，在学校教的是金融方面的课程，甚至还靠着金融行业来养家糊口，但作者从不认为现有的金融体系无懈可击。特别是美式的金融体系，在作者看来绝对是一个值得我国金融企业认真吸取教训的反例，而绝不是我国金融行业发展的方向。至少在我国，有和作者类似观点的学者虽然未必是主流学者，但也有一定的影响力。如果有的读者朋友想深入了解这方面的观点，那么请至少看一看张云东先生[1]的研究。其中关于金融必须与产业发展相结合的观点，也是作者一直坚持的观点。有的读者朋友可能会质问作者：难道张先生所说的就是对的？作者当然得承认，张先生可能不完全对，但张先生毕竟曾经长期担任中国证券监督管理委员会深圳局局长[2]职务，对金融系统的认识与理解相当全面，因此，也就值得我们引起重视[3]。

---

[1] 张云东："遏止金融异化发展误国"，《经济导刊》，2016 年第 6 期。

[2] 因为主要的证券交易所设在上海和深圳，上海局与深圳局实际上是证监会系统内最重要的组成部分。所以张先生绝对不属于金融行业的圈外人。

[3] 从社会科学学术的角度看，只要前提假设贴近现实，逻辑也没问题，那我们就不能武断地说一个观点是错的，而只能说这样一个观点是对我们有利的还是不利的。

第一节　全球供养体系概貌

在同一篇论文中，张云东先生还提出了另一个重要观点：现代金融体系（特别是美国的金融体系）并不是现代经济的必然选择。这个观点说起来很简单，但同样充满争议。在我国金融行业中，确实存在着将美国金融体系视为先进体系，并以美式金融体系作为发展目标的观点。那么，中国能建立一个和美国相同的金融体系吗？作者认为，以中国的文化特性以及现阶段中国的实际国力，中国不太可能建立美国式的金融体系。导致这一结论的核心原因就是：美国式的金融体系是一种依靠其国力优势而建立起的一个不公平体系，在这一体系中，美国通过金融手段对全球进行剥削；中国虽然多年来经济已经得到了较大的发展，但仍然不具备建立并维持这种不公平体系的实力。

在人类历史上，通过国力优势对周边国家进行剥削的强大国家并不只有美国一个，美国和其他强大国家的主要差异是手段差异。美国没有强制在其他国家收税征兵，没有直接对其他国家的资源进行掠夺。相反，美国主导建立了全球贸易体系，推动全球化进程，甚至还付出了相当的代价来维持这一进程的"秩序"。所以，在道德上，美国不但没有像历史上那些强大国家一样的恶劣名声，甚至还能占据道德高地，对别人进行说教。在发展理论上，也是美国的经济学家给出了描述经济增长的最优路径，并通过世界银行等组织对全球其他国家人民进行教育，等等。

有些读者可能会疑惑，既然美国在很多方面都显示出一个负责任的大国形象，那么，美国所主导的世界格局真的不公平吗？美国真的对全球进行剥削吗？在回答这个问题之前，需要我们做一个定义。首先，什么是剥削？按照各种可得的定义，剥削本质上就是一些人通过某些手段，从另一些人身上不劳而获。但和我们之前碰到的很多概念相似，剥削也是个不容易界定的问题。比如作者现在要抚养不到三岁的儿子，这小子不但不事生产，还要通过很多淘气的举动增加作者的家务劳动量。此时，作者的儿子对作者构成剥削吗？按照剥削的定义，这种剥削关系显然成立。但至少作者从未认为这种剥削关系必须被打破，因为在这种情景下，作者"自愿"被剥削。那么，剥削到底是主观概念还是个客观概念，可能就决定了对于剥削的界定——如果客观意义上的剥削在主观意义上并未引起被剥削者的不愉快，甚至是被剥削者主动要求被剥削，那么客观意义上的剥削是否是我们所认为的"剥削"呢？

在奴隶社会，使用奴隶劳动并占有奴隶全部的劳动产品，这其中必然有剥削；在封建社会，农民被法令束缚在土地上，其产品被土地所有者拿走相当的比例，这看起来应该也存在剥削。但即使在封建社会，租种别人土地的佃农，与把土地出租给他们的地主之间是否存在剥削关系，就不是一个很容易说清楚的关系，因为理论上，人身自由的佃农可以选择不租土地。到了资本主义时代，主流经济学对要素市场的研究进一步消弭了剥削的概念——工人在劳动力市场上，按照自愿的原则来出卖自己的劳动力，是完全心甘情愿的。

然而，马克思从劳动价值论出发，却又总是可以找到剥削关系。从马克思主义经济学的视角去观察西方经济学的分析框架，就必然会质疑：为什么要忽略资本整个的历史形成过程？资本市场中那些"天然而生"但"产权明确"的资本到底从何而来？如果发现资本的价值实际上是在历史上由劳动者创造出来的，那么从历史的角度看，资本家通过提供资本来获得利润的行为必然也存在剥削。

前文的内容实际上提出了两个要点：在我们定义剥削时，主观上自愿被剥削，是否可以消除剥削的概念？在分析剥削问题时，是否应该把现有制度视为一个历史跨度内的内生变量而非天然既定的外生变量？就这两点问题，作者的观点是：主观资源不能掩盖剥削的客观存在性；研究剥削问题，必须从大历史的角度看问题，不能局限于一个时代或者一个地域。基于这样的观点，作者认为，美国对全球的剥削确实存在。

在全球范围内，由于资源分布的不协调性和各国工业化水平的差异，各国确实可以通过国际贸易来改善自身的福利。在二次世界大战前，这种贸易的基础结算货币本质上是黄金。在布雷顿森林体系之后，这个结算货币是与黄金挂钩的美元。在上世纪 70 年代，美元和黄金脱钩以后，美元仍然延续了作为全球主要结算货币的地位。这就形成了一个很尴尬的情况，为了贸易，大家像需要黄金一样普遍需要美元，从而将一个国家基于自身国家信用发行的货币转变成了全球性的货币。这样，当美国发行新的美元时，美国就可以用新美元购入其他国家的商品和资产，从而扩大自己的利益。我们在前文中提到过"铸币税"的概念，美国的这种行为大概就相当于是在全球范围收取"铸币税"。

不过，这种"铸币税"只是整个剥削图景的一部分。因为如果不断对外发行货币，就必然会导致全球性的通货膨胀，势必造成美元的实际购买力下降。这显然会危害到其他国家对美元的信心。于是，美国必须通过某些手段回收、摧毁美元，以便美元在全球流通领域中保持一个可控的数量。这样，一个理想的美元流动图景就是：美元通过购买商品或投资流入其他国家，其他国家再将获得的美元重新投入美国来获取保值增值，鉴于美国实体经济所能提供的投资机会相对有限，诱使这些美元进入可以无限扩大的虚拟金融市场，显然就是一个非常非常好的选择。我们观察图 4-1[①] 就会发现，在美元与黄金脱钩后，美国金融衍生品市场[②] 发展繁荣。

但这样就足够吸引其他国家来持有美元吗？也不一定。所以，美国至少还做到了两件事：第一件事，在国际市场上，通常只有用美元才可以买到石油，这就使美元至少有一个非常重要的作用，就是买油。其实，这个点在当时[③] 选得好极了。作者每次回想起这件事儿都觉得美国之所以能有今日的地位，国内确实人才济济。以作者的拙见，以石油作为美元锚定的对象，至少可以有这样几个作用：首先，当时主要石油出产国都靠海，是美国海军能控制，而苏联陆军无法控制的范围；其次，石油是工业的血液，但能自给的国家却相当有限，在全球范围内属于稀缺的战略资源；再次，美国拥有庞大的石油资源和金融优势，所以很容易影响石油价格，打压油价可以损害苏联为首的社会主义国家的石油出口利益，而拉抬油价可以让自己资本主义体系内的国家经济困难；此外，

---

① 数据来源：搜狐财经《各国资产证券化发展情况》。

② ABS 和 MBS 是资产证券化的两种主要形式，金融机构可以将持有的资产通过资产证券化方式出售以回笼资金，然后再继续贷款，从而扩大信用发行规模。

③ 但随着新能源技术的进步，石油在能源结构中的重要性必然下降，所以，这个锚定物在未来看，肯定不会总那么合适。

通过控制石油可以控制其他各国获取能源的数量，限制其他国家的经济发展；同时，又能保证自己国家能源的充足供应，维持高水平生活，从而引诱各国精英归化美国，保持科学技术上的优势。先前，作者曾经看过一些关于人民币锚定物的讨论，有说是美元的，有说是一篮子货币的，有说是土地的，有说是房地产的，甚至还有说是农产品的，等等。和美元锚定石油相比，这些人民币锚定物设计得都不怎么巧妙。不过，关于锚定物的选择问题，和本书的目的没什么关系，在这里姑且略过。

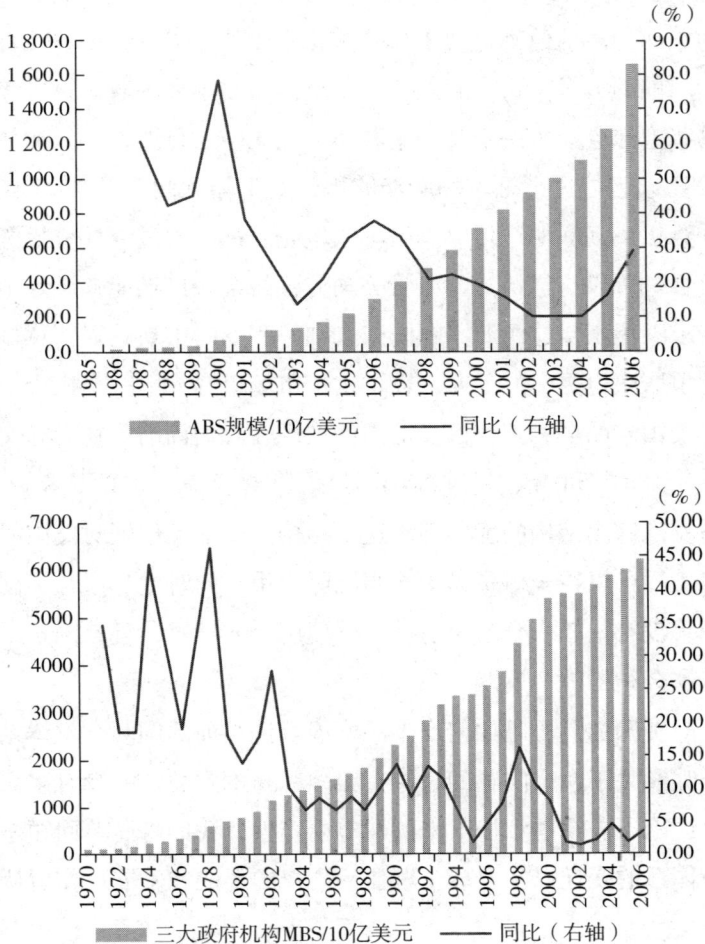

图 4-1　美国 ABS、MBS 市场的蓬勃发展

第二件事就是美国的科技泡沫创新。科技泡沫创新这个词大概是作者原创的一个定义，其含义是"想尽一切办法在科技发展的基础上制造资产泡沫"。通常情况下，我们都不反对科技创新具有价值，也都认为这种价值在新科技发展的初期不易被准确估计。但如果给新科技一个远超过其价值的估值，就会造成泡沫。对于新技术领域的创业者来说，科技创新是重要的；但对于金融家来说，这些技术所产生的泡沫可能更重要。作者曾拜读过加伯所著《泡沫的秘密》[①]一书。这本书揭示了泡沫的秘密：只有在人类知识的边界上的东西才可能形成泡沫——对于已被大家所熟知的东西，自然没有过高的估值；而对于那些人类尚未认识的东西，高估值则近似于诈骗。在泡沫的形成过程中，几百年前的郁金香球茎和当前的大数据技术起到的作用也其实差不多。对于持有美元的投资者来说，这些泡沫会产生一个又一个看似前景无限的行业，一旦抓住机会，投资者的回报要远远超过金融市场所能够提供的平均利润。自 70 年代以来，电子科技、计算机、互联网、传媒娱乐等领域先后都出现过令部分投资人大赚一笔的投资机会。可以这样认为，尽管美国完善的金融市场能够满足不同投资风格的投资需求，但正是这源源不断的未来利好和不时出现的财富英雄，使得投资者不断地争取获得更多的美元，以求这个市场里寻找下一个机会。

至此，美国式的"剥削"已经清晰的展现在我们面前：在全球交易中，美国通过提供"美元"和"美梦"换走了别的国家实实在在的商品和资产。不过，读者很容易发现这个结构的脆弱性。这个结构高度依赖他国对美国的信心：如果有信心，美元可以在全球贸易中充当国际货币，同时也是参与美国资本市场的筹码；如果没有信心，全球贸易就不会使用美元结算，且美国资本市场也不会再诱人，这个结构就会崩溃。

那么，对美国的信心是如何产生的？或者说当前的国际金融体系为什么会是这个样子呢？关于这个问题的讨论有很多，与本书的目的没有多大关系，作者也就不再讨论了。在本章接下来的两节内容中，我们将简单回顾一下二战以后全球货币体系的变迁以及全球金融业话语权的形成和发展。作者认为，两个

---

① 加伯：《泡沫的秘密：早期金融狂热的基本原理》，华夏出版社 2003 年版。

历史事实实际上能够部分地回答对美信心的产生和持续，虽然不够全面，但或许可以为读者提供一些分析问题的视角。

不过，作者希望读者不要忽视一个浅显的问题：在美国所建立的这个全球供养美国的体系中，金融只是手段而国力优势才是基础。美国这个国力优势不仅仅是经济优势，也包括军事优势、政治优势、文化优势、理论优势等等，这些优势相互支撑，构成了一个完整的体系。所以，当我们只是在讨论金融问题时，最好不要认为已经找到了打破这个体系的手段。

第二节　国际货币体系的形成与发展

在宋鸿兵先生《货币战争》一书风靡之后，布雷顿森林体系、牙买加体系、金本位等等概念已经不再是金融学学者专属的研究内容。关于这些概念的详细内容，读者可以通过互联网简单地获得。在这一节中，让我们一起来琢磨一下，国际货币体系为什么会产生这样的变化。

霍布斯著名的《利维坦》一书中提出了一个有趣的观点：国家的出现终结了人和人之间的"自然状态"，但国和国之间实际上仍然是自然状态。在经济领域，这种自然状态会表现为每个国家在本质上都不会信任其他国家。当两个国家完成某一笔交易时，各国在国内使用的货币自然难以被另一方接受：想象一下，一个将猪牙当作货币的所罗门群岛人如果要用猪牙向使用白银作为货币的中国人购买瓷器，中国人基本上不可能接受。如果希望这个交易能够完成，要么所罗门群岛人向中国人支付白银，要么就向中国人支付中国人可以接受的某种"第三方货币"，比如黄金。历史上，黄金白银等贵金属或者强大国家发行的制钱[①]都曾经被作为某种程度上的世界货币。在18~19世纪，随着全球贸易的繁盛，金银成为全球意义上的世界货币。随后，为了统一货币，简化结算，黄金最终取代白银成为世界货币。在这个历史进程中，虽然始终伴随着国与国

[①]　例如，历史上，朝鲜、日本不但接受中国的制钱，甚至允许中国制钱在其国内流通。

之间的钩心斗角①，但总体上说，这是一个相对自然的发展过程。

在一战后，各强国纷纷拉拢自己的跟班国家，建立自己的货币集团。在货币集团形成后，各强国相继放弃金本位，并在集团内以英镑、美元、法郎这些主要货币为支付货币，在集团国家内部进行贸易结算。为促进本国产品出口、转移本国经济危机，各货币集团还主动引发货币贬值，进行"货币战争"。不过，使用与黄金脱钩的主要货币作为支付货币的情况，只发生在集团国家内部。在全球范围内，黄金作为世界货币的地位并没有被完全动摇，不同货币集团之间的国际贸易仍然需要用黄金结算。但到了"布雷顿森林体系"，情况就完全不同了。从表面看起来，这个以美元与黄金挂钩，其他各国货币与美元挂钩，然后用美元作为结算货币的全球货币体系，与之前那些货币集团在自身内部所构建的货币体系并没有什么不同，但由于这个体系具有全球性，这样，在这个体系中，黄金就可以被供奉在神龛里，根本不需要再在流通中出现。

值得注意的是，这样一个方案并非是当时的唯一选择。在布雷顿森林会议召开前，代表英国的凯恩斯提出了一个建立"全球央行"发行信用货币的《凯恩斯计划》而美国则提出货币基金与黄金挂钩，其他货币与货币基金挂钩的《怀特计划》，双方就采纳哪个计划而进行深入谈判，直到1944年4月才得到最终共识。随后美国在欧洲战场发力，开辟第二战场，支持盟军迅速战胜了轴心国。以纯粹金融的角度审视两个方案，《凯恩斯计划》看起来更为合理。但美国提出《怀特计划》更符合美国的国家利益，在二战末期的力量对比中，英国与美国已经不再是平等的谈判对手，所以最终还是美国说了算。如果读者朋友们对这段历史感兴趣，可以去查阅英文版维基百科关于"Bretton Woods System"这个词条，这个词条内容与其参考文献能够给大家关于这个体系的丰富而详实的资料。

认真了解过布雷顿森林体系的读者朋友应该会意识到，在这个体系之下，

---

① 例如，历史上的美国一直是出产白银的大国，其国内一直试图建立并维持金银复本位制，同时也一直希望白银也能保留世界货币的地位。有兴趣的读者可以参考张爽："19世纪末美国金本位制的确立及对美国经济的影响"，《东北师大学报（哲学社会科学版）》，2014年第5期。

美国必须要总体上保持贸易出超，才能保证美元背后始终有足够的黄金作为支持，否则必然会导致美元外流，影响美元的价值稳定①。事实上，当欧洲、日本经济已经复苏，而经历过朝鲜战争的美国却又在越南泥足深陷时，美元外流已经变成事实，在以法国为首的欧洲各国不断要求美国实现兑换黄金的承诺，而美国黄金储备已经见底时，美国便在 1971 年选择美元与黄金脱钩。然而，无论是后来签署的《史密森学会协议》还是《牙买加协定》都出现了一个有趣的现象：原本美元可以作为世界货币的前提是美元与黄金挂钩，或者说是黄金赋予了与其挂钩的美元作为世界货币的地位；那么，从道理上说，当美元与黄金脱钩以后，应该是美元不再是世界货币，而黄金仍然应该是世界货币。但事实却是，与黄金脱钩的美元尽管地位下降，却仍然是世界货币，而黄金却在国际贸易和国际储备中的地位大幅下降，以至于出现"黄金非货币化"的共识。在上世纪 90 年代以前，学术界对于"黄金是不是全球货币"的问题虽然有争论，但普遍认为，黄金确实不应该作为全球货币，其理由复杂，一言以蔽之，大约是已经形成了习惯，重新把黄金当做世界货币，在技术上和商业上绝不可行②。不过，从上世纪 80 年代初开始，特别是经过了上世纪 90 年代的东南亚金融危机之后，学术界已经开始反思：任由与黄金脱钩的某些信用货币充当世界货币，事实上确实会引起全球货币体系的动荡，如果能够将黄金重新设定为世界货币，并用固定汇率制取代浮动汇率制，那么，全球货币体系的动荡问题就有希望被消除。于是，学术界又提出"黄金再货币化"的意见③。

时至今日，全球货币体系基本上还是以浮动汇率制为基础的牙买加体系④。关于牙买加体系的问题，读者朋友们可以从任何一本《国际金融学》教

---

① 然而，在另一方面，如果美元不外流，各国手上就没有相当数量的美元，也就无法让美元发挥全球结算货币的职能。所以，布雷顿森林体系从诞生那一天其就是注定要死的，只是死亡的时间不太确定罢了。

② 对这个问题有兴趣的读者朋友可以参考当年国家体改委陈伟恕先生的论文。陈伟恕："黄金非货币化是历史的必然"，《经济研究》，1982 第 2 期。

③ 对于这个问题有兴趣的读者朋友可以参考秦凤鸣："黄金再货币化与金本位原则的复归"，《中国金融》，2012 年第 9 期。

④ 除了中国、瑞士等19个国家施行"有管理的浮动汇率制"以外，其他绝大多数国家都采取"自由的浮动汇率制"。

程或者互联网上找到相关的知识，作者不再冗述。在这里，作者提起两个与牙买加体系相关的概念，或许能够帮助读者们进一步地去了解当前全球货币体系的特点。

其一是"东亚体系"。这是对东亚工业化国家在全球货币体系中尴尬角色的一个戏称。这个概念描述了这样一个事实：东亚工业化国家通过参与国际贸易获得大量以美元计算的经常账户顺差，而由于高储蓄率的文化传统，东亚各国愿意将这些美元重新投入美国。而美国可以用回流的美元继续购买东亚各国的产品，于是形成反复。从形态上看，美国不断地用类似借条的金融产品去换得东亚各国的商品。而东亚各国也在这个过程中对美国形成依赖，无法单方面摆脱这种困境①。如果把巴西等资源出口国家算上，情况也类似。这实际上就是在第一节提到的"全球供养体系"的一个缩影。

其二是"大西洋体系"。这个是少数学者为了描述这样一个历史事件而提出的概念：2013 年 10 月 31 日，美联储通过与欧洲、瑞士、英国、加拿大和日本五国有央行签署长期的、无限的货币互换协议。

从历史沿革上看，这个事件本身似乎是美国历史上多次进行的货币互换的一个延伸。早在布雷顿森林体系尚未瓦解的 1962 年 5 月，美联储与法国央行就进行了第一次货币互换。在那个时代，美联储货币互换的目的主要在于用互换所得的外汇向其他国家央行购买美元，以减少美元兑换黄金的压力，维持布雷顿森林体系的运转。

在布雷顿森林体系瓦解后，美联储于 1973 年与十国集团签署了近 178 亿美元的货币互换协议，以期在必要时通过货币互换协议获取外汇，并在国际外汇市场上购入美元，用以稳定美元汇率。但由于美联储公开市场操作委员会（FOMC）对此策略意见不一，上世纪 80 年代后，美国除与瑞典启用货币互换外，其与十国集团的货币互换协议并未启动。

"9·11"事件后，美联储仍是出于维持美元和美国信用的应急目的，与

---

① 感兴趣的读者朋友可以参考 McKinnon, Ronald I, and Schnabl Gunther. "The East Asia Dollar Standard, Fear of Floating, and Original Sin". *Review of Developing Economics*. 2004. Vol. 8, No. 3. 在这篇文章中提出的"美德两难论"（Conflicted Virtue），或许可以作为对东亚问题的一个解释。

欧盟央行、英格兰银行和加拿大央行签署了临时性的货币互换协议。

2007 年美国信用危机爆发后，美联储于 2007 年 12 月 12 日与欧盟央行、瑞士国家银行分别签署规模为 200 亿美元和 40 亿美元、期限为 6 个月的货币互换协议。随后，由于信用危机扩大，出于自我保护也多少出于维护全球金融稳定的目的，美联储与更多国家央行签署了更多额度的货币互换协议。至 2008 年 9 月 29 日，美联储货币互换总额度上升至 6200 亿美元，并在同年的 10 月 13 日取消与欧盟央行、瑞士国家银行、英格兰银行的货币互换额度上限，次日取消与日本央行的货币互换额度上限。美联储自此将其所有货币互换协议的额度一直维持到 2010 年 2 月 1 日，之后美联储所有货币互换协议到期。至此，从 2007 年开始的美联储发起的货币互换告一段落。

直到 2010 年 2 月 1 日为止，美联储签署的所有货币互换协议，其目的都是为了应对当时美国所面对的某种困难，其期限都是短期。除 2008 年 10 月 13 日、14 日对四国央行的协议外，与其他国家在所有情况下，其额度都有上限。换言之，美联储签署的这些货币互换协议在本质上仍然还是临时应急的措施。在 2009 年 4 月 6 日，美联储与欧、瑞、英、日四国央行签署协议，约定四国央行应为美国金融机构提供外币流动性支持。在此协议签署后，美联储对货币互换协议机制的需求应该降低。且在美国通过多轮量化宽松、逐渐摆脱信用危机的影响后，美联储对于货币互换的需求理应更低。

然而，在 2010 年 5 月 9 日，由于欧债危机爆发，美国重启与欧、瑞、英、日、加五国央行的无限额货币互换协议，并在 2011 年 6 月、11 月和 2012 年 12 月三次延期后，终于在 2013 年 10 月 31 日将这一货币互换机制转化为长期机制。按照协定，五国央行中的任何一个都可以按照货币互换机制，约定将某一数量的本国货币按当时汇率兑换成美元，并在本国银行间市场用固定利率全额分配的方式进行拍卖；美联储则将其获得的该国货币存在该国央行为美联储开设的账户上，直到互换期结束，该国央行将按照互换时所使用的汇率，用美元换回美联储通过货币互换而持有的该国货币。在这一过程中，美联储不需要向该国央行支付利息，而该国央行则需向美联储支付互换期限的 OIS（隔夜互换利率）+50 基点的利率。

国内大多数学者没有太多关注这个新情况，在中国期刊网中，也只有个位数的论文认真讨论过这个问题。但作者和少数关注这个问题的学者一样，认为这是全球货币体系的一个重要变化。在这种新情况下，美国通过货币互换体系建立了一个以美元为核心，欧、英、瑞、日、加五国货币为支柱的新型全球货币联盟。这个模式兼容了布雷顿森林体系以美国为主导的模式以及牙买加体系以多国货币组合构成的一篮子货币的模式。在这一体系下，主要的六国货币以美元为核心重新被整合在一起，在必要时可以通过不违反市场规则的手段稳定彼此汇率，从而有望使全球货币体系更为稳定。然而，即便在英国脱欧事件导致英镑暴跌的情况下，这一货币互换协议也没有被启动。由此，作者估计，这一体系要么因为六国利益的冲突而名存实亡，要么就是这个体系所图甚大，以至于货币市场眼中的暴跌尚不足以触发启动这一体系。如果是后者，联想到人民币加入 SDR，就不免令人有所担忧——在 SDR 中，人民币的比例虽然达到了 10.92%，但是，人民币却没有加入六国通过互换形成的货币联盟。如果 SDR 中，美国、欧盟、英国与日本根据货币互换协议形成某种一致行动，那么在 SDR 内部，实际上就是 89∶11 的一种力量对比；然而人民币作为被纳入 SDR 篮子的货币，又有必要承担相应的义务。其中的利害，恐怕只有事到临头才能估计吧。

在这一节中，作者分析全球货币体系的掌故，正如作者一直在重复的那样：在现有的信息化条件下，我们获取知识和了解事件的能力已经相当高；而如何把这些事件和知识重新组合在一起，才是我们需要探讨的问题。那么，上述事实说明什么问题呢？我们可以这样看：

第一，现在的全球货币体系是美国全球供养体系的一个重要组成部分和支撑点，并不是一个公平的体系。

第二，现在的全球货币体系并不是一个自然的结果，而是一个人造物，相当于是战后美国利用其国力优势建立并维持的一个体系。当然，这个体系同时也是各大国相互博弈的结果。但由于内部的利益冲突，现有的全球货币体系既不公平也不稳定。随着各国国力的变化，博弈的结果可能发生变化，现有的全球货币体系必然会发生重大变化。

第三，即使不详细论证，读者朋友们也应该会意识到，如果新的全球货币体系是一种类似"凯恩斯计划"的体系，也就是建立一个针对国际贸易与国际投资的中央银行，并发行一种信用货币的话，那么数字货币之类的信息化手段有可能在整个过程中起到关键的作用，甚至可能发展出某种取代黄金的货币，并使之成为一种能够被普遍接受的世界货币。

尽管作者比较不赞同新自由主义的大多数观点，但关于世界货币的问题上，作者相当认同米塞斯在《货币与信用理论》一书中提出的一个观点："货币只能起源于自由市场对于某种有用商品的直接需求，而不是法令或一次性社会契约的结果。由市场创造而不是由政府控制的一种安全可靠的货币可以摆脱强制性政府内在固有的通货膨胀和再分配倾向的影响"。作为一个自由主义者，米塞斯的观点确实是在否定国家发行货币的权力，而作者则认为，作为国家的固有权力，货币的发行权未必是米塞斯所认为的那样没有意义。但在一个美国和它的盟友无力继续统治世界的年代，米塞斯的观点却恰恰可能是解决世界货币问题的关键。

第三节　现代金融体系中信心和信用的产生与维持

在前两节中，我们根据观察到的事实，认为美国在现代金融体系中占据了一个不合理的地位，而在第一节的末尾，作者实际上已经提醒大家，如果大家都对美国失去信心，现代金融体系就可能被瓦解。那么，在这一节中，作者将展示：在现代金融体系中，信心和信用如何产生并得以维持。

首先，最强烈地认同通常来自一个人所接受的教育和生活中所认可的文化。在其他学科中作者了解不多，但至少在经济学与金融学的领域，美国的地位是无可替代的。第二次世界大战以后，几乎所有著名的经济学理论都是来自于美国。而金融学领域，主要的文献也几乎全部是美国出品。即便有部分理论发源于其他国家，其书写论文的文字也都是英文。

以目前全球经济学最高奖项——"瑞典国家银行纪念阿尔弗雷德·诺贝尔

经济学奖"①——为例，从 1969 年至 2016 年，共有 73 位经济学家和金融学家获得过该奖项。而在这些经济学家和金融学家当中，有 47 位美国人、8 位英国人，还有 3 位出身英联邦国家；出生地不在北美、西欧和北欧的经济学家，只有 4 位（包括苏联、印度、以色列和塞浦路斯各 1 人）；其中在美国工作的有 55 位，在英国工作的有 7 位，而只有 2 位在北美、西欧和北欧以外的地方工作（包括苏联 1 人，以色列 1 人②）。考虑到北美、西欧和北欧在当前的国家关系，经济学诺奖看起来更像是一个环北大西洋的区域性的学术奖项。

从经济学和金融学的教育上，全球最好的大学经济学专业排名中，如果不算法国的图卢兹大学、加拿大的英属哥伦比亚大学和以色列的特拉维夫大学，排名前五十的差不多都是美国和英国的大学；金融学的垄断性弱一些，澳大利亚、新加坡等国的几所大学、香港几所大学和北大、清华也会往往榜上有名，但排名前十的大学从来都是美国和英国的那几所学校。这些优秀的大学会吸引全球范围内最优秀的人才，将其理论薪火相传；而这些优秀人才或是留在当地有所贡献，或是返回祖国被委以重任，总是能将其所学所得加以发扬。

有的读者或许认为这件事儿很正常：毕竟人家是几百年的深厚沉淀，学术上肯定有传统。不过，一般说来，我们通常会认为：社会科学的理论来源于实践，而实践成果又是对理论的验证。那么，至少在 1949 年建立中华人民共和国以后，中国经济的巨大进步必然为诞生新理论提供了丰富的素材；而这个经历长期战乱的贫弱国家经过几十年的努力，就重新成为全球第二大经济体和最强大的工农业实体，这个事实无疑说明指导中国的经济理论至少适合中国的实践。然而，中国的经济学家和金融学家不但没有获得过诺奖，中国的大学实际上也没有向外国的同行贡献过多少新鲜的理论。相反，中国的经济学家和金融

---

① 这个奖项显然不是诺贝尔要求设立的奖项，与"对全人类做出巨大贡献"的宗旨也未必相符。但经济学家们通过长期的努力，终于把这个对诺贝尔奖仿制品纳入到诺贝尔奖的评奖体系，并使得其获奖者得到了类似爱因斯坦这些伟大科学家相似的全球性声誉。

② 苏联的列奥尼德·康托罗维奇（Leonid Vitaliyevich Kantorovich）获奖原因是创立了经济分析中所经常使用的一个重要数学工具——线性规划；以色列的罗伯特·约翰·奥曼（Robert J. Aumann）获奖原因也是源于对博弈论的研究。换言之，他们获奖的原因是发展了某种数学技术而非经济观点。

学家更像是他们的外国同行对中国进行说服教育的帮手，当我们的实践和西方理论有出入的时候，中国的某些经济学家和金融学家就会跳出来指责我们实践的不合理性——即便我们的实践在历史上已经取得了良好的成果①。

关于这个情况的来龙去脉其实相当复杂，如果较真，甚至可以以此为线索，重新书写一部自鸦片战争以来的中国文化史。所以，作者并不打算在这个地方做更多讨论。但作者却无法回避这种情况出现后的一个结果：在缺乏理论的情况下，我们更容易对美国经济有信心而对中国经济缺乏信心。即便在全球经济普遍萧条的情况下，我们当中有些人也仍然相信，因为美国在理论上的高手更多，所以，如果当前全球问题有解决方案，那么这个方案也更应该是由美国人提出来而不是中国人提出来。有趣的是，有这种心态的人也并非只在中国，在几百年的落后与失败中总结出来的"逆种族主义"的影响下，很多非西方国家的人民愿意把自身的命运前途寄托于外人。在这种心态没有被彻底摒弃之前，对整个西方世界或者说对美国的信心，就会牢固地存在于人们的脑子里。

其次，话语权对于信心的产生与维持也拥有相当的影响。前述的理论和教育本身就是一种重要的话语权。而除了理论与教育之外，各种舆论、媒体乃至于金融机构的研究报告等等也蕴含着重要的话语权。和理论与教育一样，掌握话语权的机构并不会命令我们做什么，但他们会通过持续的诱导，以润物细无声的方式对其受众施加巨大的影响。而随着信息技术的进步，话语权的力量也越发强大。

在当前各国之中，美国拥有最大的话语权②。通过忽悠自己和全世界，美国人可以理直气壮地去攻陷巴格达，也可以在"颜色革命"中充当引路人。和别的领域相似，美国在金融领域所拥有的话语权也是无可争议的。多数从事金

① 如果读者朋友有兴趣去了解其中的诸多掌故，建议大家不妨从2016年下半年林毅夫老师关于产业政策、政府角色等话题的辩论入手，再追本溯源，仔细看一看几十年以来，我国在经济学界和金融学界的学术争论。

② 关于美国话语权的形成和作用方式，感兴趣的读者可以参考张国庆：《话语权：为什么美国总是赢得主动》，凤凰出版传媒集团2011年版。另外，值得注意的是，在金融资本的支持下，美国的主要媒体已经集中到五个主要的集团旗下，这也可能意味着对话语权的激烈争夺，一直在我们看不见的领域悄悄发生。

融工作的人，都会从彭博和谷歌金融中获取相关的金融咨询、阅读高盛等公司提供的研究资料，并关心美国的利率和经济政策。

专栏4-1　　　　　**谷歌的人民币汇率"乌龙事件"**

2016年12月6日，谷歌网站上人民币兑美元的汇率报价为7.43人民币兑1美元。一时间引起外汇市场大哗。当时人民币兑美元汇率连续多日走高，这样荒谬的报价虽然未必令人相信，但很有可能增加市场对人民币相对美元继续贬值的预期。事后，谷歌宣称，是其数据来源有错误，导致了错误的报价。

但是，到了12月28日，当人民币对美元汇率在6.9500~6.9666区间波动时，谷歌、彭博却报道人民币对美元汇率已经突破7人民币兑1美元的心理关口。这对人民币汇率稳定造成了很坏的影响，以至于人民银行在官方微博上居然贴出了"表示谴责，并保留进一步追究责任的权利"的抗议。为什么人民银行如此气愤呢？这是因为外汇交易主要是在银行间通过相互询价进行的一种交易，双方议价的标准很大程度上会参考这些财经媒体的报价。人民银行维持汇率不"破7"，要付出相当程度的代价，而财经媒体轻飘飘的一个报道，就可能会轻易地毁掉人民银行的全部努力。

反观我国，尽管相对于绝大多数国家，我国国力上也有明显的优势。但自从放弃革命输出以后，我国在全球话语权方面一直处于劣势。我国尚且如此，绝大多数亚非拉的发展中国家的话语权更是可以忽略不计。在美国话语权优势不发生改变的情况下[①]，对美国的信心当然也一定根深蒂固。

此外，世界银行、国际货币基金组织与信用评估机构也有力地支撑着对美国的信心。世界银行和国际货币基金组织虽然是成立布雷顿森林体系顺带成立的产物，但其职能并没有随着布雷顿森林体系的瓦解而消失。世界银行目前专

---

① 有些读者朋友可能认为在互联网时代，美国的话语权可能受到重大挑战，但这种想法可能是错误的。回顾历史，今日的因特网实际上就脱胎于美国军方的 ARPA 网，所以美国在互联网的管理与应用方面本来就有天然的优势，这种优势很可能会进一步强化美国的话语权。

注于帮助贫困国家摆脱贫困，而国际货币基金组织则一直致力于帮助各国维持本国汇率，维持全球货币稳定。尽管总部位于华盛顿的这两家全球性金融机构具有崇高的使命，但它们必定是布雷顿森林体系的产物，事实上也不可能摆脱美国的控制，比方说，美国在两家机构中也都拥有否决权。同时，发端于美国的理论也难免成为两家机构的行为基础，而两家机构对外的发言也往往是美国话语权体系的一个补充。有些年长的读者朋友可能还记得，这两家机构当年为了向发展中国家推销新自由主义经济政策，曾经做过许多艰苦的努力。如果有兴趣了解更多，作者推荐"华盛顿共识"、"粮食赤字"、"亚洲金融风暴"等关键词；大家也可以找资料回顾上世纪80年代、90年代，这两家机构在拉美、苏东、东亚、东南亚等地区的所作所为。这两家国际机构为了维持着全球对美国的信心实际上已经并且还在做着大量的工作。

除此以外，标普、穆迪和惠誉三家信用评级机构也是全球对美信心的一个重要组成部分。从市场份额的角度看，在全球信用评级市场中，标普和穆迪的市场份额各为40%左右，惠誉的市场份额约为14%。从服务对象看，在全球所有参加信用评级的银行和公司中，穆迪涵盖了80%的银行和78%的公司，标普涵盖了37%的银行和66%的公司，惠誉涵盖了27%的银行和8%的公司。可以说，这三家美国信用评级机构，几乎垄断了全球信用评级行业，在很大程度上影响了全球金融资产的定价。它们对被评级的企业、金融机构或者国家进行一次评级调整，就可能给这些被评级主体带来数以亿计的损益。在历史上，这些信用评级机构的评级结果曾经引发过包括冰岛、希腊、阿根廷等国家的金融危机，也曾导致山一证券、汉诺威再保险公司等金融机构的倒闭或巨额损失。事实上，至少对于我国，它们的评级一直可能都不怎么客观，直到2003年，我国的主权信用评级也不过相当于BBB的水平；而它们对风险的识别能力也未必怎么高明，我国主权评级只有BBB的年代，在市场上发行的很多资产支持证券的评级都是AAA——历史证明，信用评级只有BBB的中国已经发展出最强大的实体经济，而那些评级AAA的ABS很多已经在次贷危机中灰飞烟灭。尽管它们标榜自己中立客观，但它们毕竟是成立于美国的机构。正是因为1975年来自美国证券交易委员会的授权，它们的评级结果才获得了正式的官方认可。所以，美国自然有权利对它们的业务进行敲打，避免它们犯错。所以，当 2008 年 7 月，它们调低美国次级债评级后，美国国会便召开听证会对它们进行指责；而在 2011 年 8 月，标普仅仅是将美国主权信用评级下调到 AA+，美国证交会就迅速启动了对它们的调查，随后美国财政部也对其评级方法进行了严厉的批评。且不说将全球信用评级这样重大的事情交给私营公司来经营是否合理，美国对三大评级公司的颐指气使的态度也不由得不让我们相信：在涉及对美国的信用评级问题时，三大评级机构难免会做出"为尊者讳"的一致选择。

作者认为，美国维持全球对美信心的手段和方式是一个复杂的系统，上述几点只是这个系统的几个组成部分。在关于"软实力"和"巧实力"的研究与应用方面，美国确实是独步天下。而关于本节所讨论的问题，也绝对是涉及美国核心国家利益的重大问题。同样的，对日益强大的中国来说，这个问题也非常重要。

第四节　小结：并不完美的现代金融体系

这一章虽然不长，但却讨论了一系列复杂的大问题。那么，在本章告一段落之前，让我们进行一个小结。

现代金融体系实际上就是一个美国挟二战最大战胜国的威势所建立的一个有利于美国的、人为构造的金融体系。这个体系并不完美：首先，这个体系不公平，美国通过这个体系可以获得"过多"的利益。其次，这个体系也缺乏理论和逻辑，包括世界银行、国际货币基金组织和世界贸易组织在内的各类国际机构和学术机构所鼓吹和推广那些未必正确且未经检验的新自由主义经济发展逻辑，不但没有解决贫困问题，反而使贫富差距问题在全球范围内被拉大。

也正是因为如此，一直以来，很多学者曾提出过对这个系统的各种改革方案。笔者也认为这一改革有充分的必要性：这个体系的基础是美国国力，或者说是美国相对于其他国家的国力。所以，当美国国力衰退或相对衰退时，这样的一个金融体系必然会被改变。然而，这个改革怎么改，却是个没有统一思路的事情。关于这个问题，笔者认为这是一个可以考虑通过技术手段来解决——如果不能建立一个对我国更有利的体系，那么至少应该建立一个对所有国家都更公平的体系。其要点可能有如下几个。

第一，对现有国际贸易和国际金融所应用的技术手段进行升级。目前的金融跨国交易不但远未实现自动化，就连环球银行金融电信协会（SWIFT）所使用的报文结构和各金融机构在国内所使用的报文结构都不相同。虽然新的信息技术已经被不断应用到金融跨国交易当中，但这一套游戏规则的本质上还是诞生在信息技术相当落后的时代。这个事实意味着通过技术手段对原有体系进行升级改造确实存在可能。例如，在汇兑领域，以区块链技术为基础的 Ripple 公司，可以在几秒中之内，以几乎为零的成本为客户提供汇兑服务，而在传统的银行体系中，这个服务需要几天并且要花费十几到数十美元的代价才能完成。

第二，如果不能恢复金本位，那么，可以考虑借鉴"凯恩斯计划"所作出的构架和比特币设计思路，构造一种供给稳定、结算便捷的全球性信用货币。

第三，新的体系应该充分考虑到信息技术的进步和各国国力的消长，以便于这一体系后续的升级与改造。

不管怎么说，即使现在整个国际金融体系维持不变，信息技术至少也会改造纯粹业务层面的面貌。而如果重新制定新的游戏规则，也不可能脱离现有信息技术水平的大背景。尽管笔者尚不能构想未来全球金融体系的形态，但笔者相信，充分的信息技术准备以及关于技术应用的研究，一定有助于在全球金融体系重构的过程中获得先机。

第五章 ●●●○
信息技术在金融业中的应用

在上一章中，我们一起回顾了现代金融体系的大致面貌。对于那些不太关心整体问题的读者来说，上一章的内容可能是有趣的但不是有用的。那么，这一章的内容正好与上一章相反，内容可能会比较乏味，但或许可以帮助大家去寻找潜在的商业机会或者规划未来的发展路径。

在这一章里，我们尝试着解决一个问题：在金融机构中应该怎样应用信息技术？为了解决这个问题，作者将金融行业分成银行业、证券业、保险业和其他金融机构四个部分进行讨论。其中，前三类金融机构是整个金融市场的主体部分，同时在业务方面也有明显的差异，至于其他金融机构，可以与这三类金融机构进行类似的分析①。对于每一个金融机构，作者将考察其最主要的业务内容，分析其业务背后的逻辑；同时，作者也将考察其已有的信息技术应用状况，并探索这些技术对于已有金融业务可以成立的前提到底有什么影响。从而向大家揭示信息技术将对金融业务产生什么样的影响。

---

① 由于混业经营的影响，按照金融机构划分其实并不一定合适，比如银行理财金业务、券商集合资金管理计划、信托、基金或者投资联结保险当中的投资账户，本质上都是一种集合投资者资金进行代客投资的业务。所以，在下文的讨论中，所针对的并不是一类金融机构中的全部业务，而是其中最具代表性的业务。

与此同时，分析的过程中始终注意借鉴"融合"模型的基本分析方法：我们不仅仅要考虑金融业务自身的逻辑，同时要考虑到技术发展水平、业务所对应的实际内容以及在整个业务过程中的权力关系。

第一节　金融机构应用信息技术的目的

由于信息技术能够帮助金融机构提高工作效率、降低经营成本，所以金融机构有动力对其部分业务进行改造。从整体上看，信息技术已经在金融机构的前、中、后台中获得普遍的应用，而监管机构对于金融机构的信息技术应用也有相当明确的要求。

那么，提高工作效率、降低经营成本、满足监管需要是否就是金融机构对于信息技术的全部要求呢？也不尽然，在互联网金融兴起前后，传统金融机构已经意识到互联网是一种强大的促销手段。于是，金融机构对于那些以互联网和移动互联网为平台来促进销售的信息技术应用产生了明显的需求。

不过，更进一步地想，金融行业本质上与信息服务行业极为相似，所以，信息技术给金融行业所带来的改变不应该仅限于改变销售方式。仔细推敲，如下几个方面都应该做出相应的改变。

第一步就是现在正在发生的情况，主体业务不变，但产品和服务的销售方式被信息技术改变，整个业务链条通过引入信息技术降低了整体工作量。

第二步，由于信息技术应用改变了某些产品和服务的逻辑，从而使金融机构提供的产品和服务发生变化。

第三步，当新产品和新服务足够丰富的时候，这些业务的内部管理流程就可能发生变化。

第四步，随着业务管理流程变化增多，以及信息技术应用水平的不断提高，整个金融机构的组织结构可能会发生变化。

第五步，金融机构组织结构发生变化可能导致整个金融市场的资源重构，从而出现取代已有金融机构和金融市场的新金融机构和新金融市场。

有些朋友可能对作者这种似是而非的表述感到不满：为什么不能像很多书籍或论文的作者那样，明确地说出未来的变化呢？关于这个问题，如果我们看完第四章的内容就会明白：由于不同利益主体都在对金融行业施加影响，所以即便在技术条件差不多的情况下，金融行业的形态和重点都未必是相同的。所以，作者仍要提醒大家：金融行业本身是经济权利体系中的一个环节，在对经济发展的作用上，它更接近于一种工具。既然是工具，金融这个行业怎么发展，实际上和掌握权力的那部分人的目的有关系。目的不同，行业形态和业务重点当然就不同。很多专家会从自己的立场出发来考察金融行业，从而得到一个自己理想中的金融行业的形象，这在逻辑上没问题，但前提却可能不对。事实上，至少在我国，对于金融行业的定位还不是那么确定：一方面，很多人认为美式金融体系是我国金融体系对标对象，认为金融行业本身有独立发展成最重要的支柱产业的能力；另一方面，也有人认为，美式金融体系并不足取，金融行业的发展目标应该是支持实体经济的发展。甚至在某些情况下，还有人会认为金融行业应该在消除贫困、促进社会公平方面发挥作用。显然，这些目标本质上相互冲突，不可能都成为我国金融行业的发展目标。截至 2016 年 12 月召开的中央经济工作会议，在会议报告中提到的金融问题主要包括"防范金融风险"、"优化金融监管"、"改革金融体制"、"促进多层次资本市场建设"等方面的内容，但从金融行业最终发展目标上看，仍然是试图敦促金融行业为实体经济服务。然而，在第三章中我们已经分析过，私有制下的金融行业在逻辑上不可能主动为实体经济服务。那么，中央经济工作会议的提法就反映了中央层面尚未清楚地确定金融行业的发展方向。这样一来，作者自然就更不清楚金融行业未来的方向。

因此，在本章中，作者仅仅是从逻辑出发来探索新业务发展的可能性。换言之，作者对第一步和第二步的某些变化比较有把握，对第三步和第四步的变化只能说有些观点，而对第五步的变化就完全只能猜测。所以，本章主要讨论第一步和第二步变化，而其他的变化只是或有提及。

第二节 银行业的信息技术应用

在我国金融体系中，银行业是最为重要的部门。截至 2015 年底，我国银行业金融机构包括 3 家政策性银行、5 家大型商业银行、12 家股份制商业银行、133 家城市商业银行、5 家民营银行、859 家农村商业银行、71 家农村合作银行、1373 家农村信用社、1 家邮政储蓄银行、1 家中德住房储蓄银行、1311 家村镇银行和 48 家农村资金互助社。这些机构雇佣了 380 万人，管理着 199.3 万亿元的资产。其管理资产的总数大约是当年我国 GDP 的 3 倍[1]。

不过，早期的银行并没有这么庞大的规模。学术界认为，西方的银行来自于金匠，金匠收取黄金，并开出凭证，持有凭证的人可以向金匠去兑换黄金。早期的银行主要做货币兑换业务，随后开始增加货币保管和收付业务，再后来出现货币结算以及放贷业务，最终，在这些基本业务的基础上，逐步演化出现在的丰富的商业银行业务。在中国，票号这种商业银行的雏形，差不多也是按照同样的脉络，从汇兑业务开始，逐步转向存贷业务。虽然最终没能成功转型成为现代商业银行，但票号改革家们一直也为这个转型而努力。那么，总结商业银行的业务发展脉络，不难发现商业银行业务的主要立足点就在于：汇兑结算业务和存贷业务。而这两类业务之间，存贷业务又是利润重点。以我国银行业为例，由存贷业务产生的利息收入大约占行业总收入的 75%[2]。

这就产生了一个问题，为什么我们要把钱存到银行，再由银行去发放贷款。如果我们把钱直接投给那些需要借款的人，不是会更有效吗[3]？理论上的答案是私人投资不会更有效。一般学术材料上能够给出的论证方法大同小异，作者不妨尝试用一个相对清晰的叙述来说明这个问题。

现在假设我们有 100 个同质的出借人和 50 个需要贷款的企业。对于这些企业来说，肯定是有的经营状况好一些，有的差一些。那么，如果每个出借人

---

① 数据来自搜狐财经：http://business.sohu.com/20160811/n463821921.shtml。
② 数据来自银监会网站。
③ 大多数 P2P 公司就以这个原因作为说明自己业务成立的理由。

都去了解这50个企业，并且从中寻找最合适的企业放出贷款的话，会出现什么情况呢？首先，这么干的成本很高，每一个人的时间和精力都会被占用。其次，100个出借人不一定都能了解50个企业的经营状况，做出的判断未必正确。再次，即便出借人的水平相同，做出判断也一致，那么出借人之间就会产生竞争，压低贷款利息，这也未必有利于出借人的利益。

如果所有企业都是同质的，那么，出借人是否就可以随机去投资呢？也不一定。在有些研究中确实假设企业的同质性——比方说这些企业的信用评级都相同。不过，这些研究会通常提出一种情况：如果出借人盯着企业的经营，企业就可能经营得好一些，而如果出借人把贷款发放出去之后就不管了，那么企业可能就会有所放松而导致经营情况变差。那么，出借人是否应该去盯着企业的经营呢？如果大家都不盯着，企业经营就会变差，出借人利益就会受损；如果都盯着，每个出借人又需要承担监督的成本；如果是一部分人盯着，另一部分人搭便车，那盯着企业的出借人难免会问一句"凭什么"。如果是股权投资，因为经营得好一些，投资者就可以多分一些，所以有些大额投资者可能会愿意去投入成本对企业进行监督。而对于债权投资，因为所有出借人是同质的，那么只要有一个出借人盯着企业，让企业的经营情况不变坏，所有人的利益都到了保全。这样，我们可以对比两种情况，一种情况是出借人独立地向企业发放贷款，另一种情况是出借人将自己的资金先委托给一个出借人，然后这个出借人再去执行发放贷款的任务。通过假设一些条件，可以在监督成本、利息、监督与不监督的情况下各自的违约率等数据之间建立函数，并讨论各种情况下的最优解。这样，在某些接近现实的假设下，后一种情况下，出借人的收入会更高。于是，我们可以将那个接受委托的出借人定义为银行。这样，我们就可以解释通过银行进行借贷业务的必要性。

如果把这些理论综合来看，银行存贷业务的理由主要在于解决信息不对称问题——一个人的智能相当有限，且获取必要信息的成本并不低，所以非专业的出借人独立开展贷款业务未必划算。

那么，信息技术的进步对存贷业务将带来什么样的改变呢？来自P2P行业的观点是，只要有基于大数据的智能投资顾问系统和征信系统，这种点对点的贷款交易就可以在没有银行参与的情况下完成。

如果这种观点成立，我们就可以把所有的贷款都想象为是不同上市公司发行的公司债①。那么，公司债能解决前文中关于存贷行为在逻辑上的困难吗？显然是解决了，否则市场上就不会有那么多公司债。但有能力发行公司债的公司和那些只能依靠银行贷款的公司有没有什么不同呢？有的。二者主要的差异在于能够发行公司债的公司有更正规的经营管理模式、信息更公开，而且非常重要的是，总有某个监管机构对其公开的信息进行审核和背书，或者至少会对其公开虚假信息的行为进行惩罚。在这个意义上说，在有监管的直接债权融资业务中，监管机构取代了银行对企业进行监督的角色，虽然形式上看起来不同，但逻辑上却完全一致。不过，由于监管机构的精力有限，除非是相当规模的融资，否则监管机构犯不上对小额融资花费成本进行监管。所以，到目前为止，直接融资市场上并没有中小企业的小额债务融资。除此以外，能够发行公司债的公司通常有信用评级公司较高的评级，这相当于可以减少投资者的信息筛选工作，从而减少出借人对银行之类金融机构的专业性的依赖。不过，和监管一样，信息评级也存在成本问题，而且对于中小企业来说，如果企业评级结果过低，对出借人实际上也没什么意义。

既然公司债并不能解决数量庞大且规模相对较小的存贷业务，那么，类似P2P这样的企业能够通过直接融资的方式来解决借贷业务的问题吗？至少在现有P2P行业普遍的业务水平下，答案应该是否定的。尽管理论上通过大数据征信的方式可以产生类似信用评级的效果，但由于拥有数据的主体之间相互割裂，应用大数据技术的基础数据来源要比想象中的差，征信结果未必有想象中那样理想。即便征信结果准确，但如果企业评级较低，那就仍然对解决融资问题没什么意义。而由于P2P企业自身业务范围的限制，即便能够应用比较成熟的智能投资顾问技术，其可推荐的资产范围也仍然相当有限。所以，除非市场上出现一家业务能够覆盖全国，或者几家业务重叠后能覆盖全国并存在紧密

---

① 因为我国划分的比较细，这里单独提出的是公司债，但实际上企业债、项目收益债、企业资产证券化债券、非金融企业债务融资工具、信贷资产证券化债券和金融债等债券除了监管机构和发行主体与公司债有不同之外，其逻辑与公司债相似。

业务协作的巨大 P2P 公司，否则就很难在存贷业务上以 P2P 来取代银行。

那么，随着信息技术应用水平的不断进步，银行的存贷业务到底会发生什么变化呢？那些能够取得直接融资的大客户和大业务会流失吗？银行最终只能和 P2P 这样的企业在零售业务上一较短长吗？作者认为，从基本逻辑出发，银行存贷业务的发展可以从如下几个角度去思考：

第一，不管技术条件如何变化，银行所经营的存贷业务仍然是一种有竞争力的金融产品。首先，信息技术的进步有可能让银行经营存贷业务的前提不再存在，但这并不意味着银行就不能在从事存贷业务。至少到目前为，从未有法律法规阻止银行从事智能投顾和大数据征信的研究和应用，也没有法律法规禁止银行从事信息中介服务。相反，如果有一天，有一种公认的、更好的存贷业务形式出现，理论上，也是应该由资本最为雄厚、人才储备丰富、业务资源广泛的银行最终将其实现并壮大。其次，银行存贷业务中，最具有特点的业务不是银行发放贷款而是银行吸收存款，结合银行占有优势的货币经营业务，即便银行存款业务在投资意义上没有吸引力，货币经营业务也可以给银行带来相当规模的沉淀资金，只要有沉淀资金，银行总是可以发展贷款业务。在这个意义上，银行经营存贷业务的基础也一定存在。再次，对于储户来说，银行存款相当于提供了一种以银行信用为基础的低风险投资产品，如果银行风控系统健全且符合规定，有很高变现能力且有一定收益的、低风险的银行存款通常也会成为资产组合当中的一个组成部分。再次，对于借款企业来说，采取直接融资还是间接融资，实际上也需要综合考虑资金成本、融资费用、融资速度等方面的因素，间接融资的优势未必就一定比直接融资来得小。此外，如果从权力的角度看，商业银行体系发行信用的基础就是存贷业务，维持商业银行的稳定经营也就是在维持国家的信用货币体系，因此，国家也不可能让不受监管、不符合条件的企业经营存贷业务。或者说，开展存贷业务是一种国家授权，如果获得授权，则不管企业的名称是不是银行，实际上都是银行；而未获得授权就开展存贷业务的企业，即使可以在一时避开国家的监督，但早晚都会面临清算：要么被纳入银行体系，要么放弃存贷业务。

第二，尽管作者预计银行未来依然能够持续经营存贷业务，但随着信息技术的进步，银行的存贷业务容易受到其他机构所经营的其他业务的挑战。典型的案例是 PayPal 和支付宝，这两个主要用于支付的公司，通过电商将自己的产品与客户紧密相连，积累了相当水平的信用。这样，有部分客户就会将自己的资金存在开设在公司的账户上，从而实现了一种类似存款的预储值功能。随后公司通过帮助其客户投资货币市场基金的方式，实现了自己产品的投资功能。那么，从投资者的角度看，自己的行为就非常类似一种活期储蓄行为。尽管本质上说，这些业务并没有脱离商业银行体系——客户资金实际上还是在商业银行体系当中；但对于银行来说，这也不是传统意义上的存贷业务，这些资金只是通过银行流转，银行并不拥有将这些资金进行管理并获取利息的能力。由此可以揣测，在信息技术应用水平提高的情况下，类似这种抢银行生意的新产品有可能层出不穷。设计这种新产品的基本套路都差不多：大体上通过某种场景来获得有粘性的客户，然后为客户提供一种低风险的投资机会，从而近似地"复制"出银行存款的基本特征。一旦这种"存款"的利息高于银行提供的存款利息，这种"存款"产品就可以抢走银行的客户。除此以外，银行同业之间的竞争也有可能激烈化。其表现是存款利率的竞争和服务水平的竞争，而背后则是资产获取能力、风控水平、内控能力的竞争。由于信息技术有助于降低成本、提高效率，所以，银行同业竞争也是一个信息技术应用水平的竞争——不论在哪个方面能够取得信息技术领先的银行，在同业中都有可能获得竞争优势。

第三，我们仍然可以从逻辑上思考银行"破局"的方向——信息技术普遍的高水平应用是否就能完全抵消银行的信息优势呢？以作者看来，这个问题的答案根据具体的业务而有所不同：由于银行拥有货币经营业务，所以，对于货币交易越频繁的业务和场景，银行具有的信息优势就越大；反之，银行的优势就越小。那么，在以下两方面业务中，银行可能具备更高的信息优势。

其一是供应链金融。在原有的供应链金融业务中，银行对于债务人的实际生产经营状况缺乏系统性和及时性的了解，从而导致供应链金融业务仍然需要有核心企业的信用作为基础，向上下游企业延伸。其本质相当于是核心企业对上下游企业的某种信用担保。但伴随信息技术水平提高，银行有条件打破现有供应链金融的传统模式。

以非银行的阿里集团和用友软件为例：阿里所具有的独特信息是使用淘宝的买家和卖家信息，而用友的优势则是使用其办公软件产品的公司日常经营信息，利用这些局部信息，两家企业就已经开辟出新的、类似于供应链金融的业务。这意味着拥有企业完整大额资金往来数据的银行更有条件对现有供应链金融业务进行调整，将该业务转变为一种以数据和信息驱动的新业务模式。

从原理上说，供应链金融的新业务模式，本质上是利用信息优势在某个范围内形成了相对可控的债务人群体。此时，银行可以将这些可控债务人视为一个整体来开展业务，而不必要求其中存在一个或几个可以为其他相关债务人提供信用的核心债务人。可以预计，在不远的未来，而随着金融企业信息共享机制的完善，理论上银行可以准确地了解从供应链上从原材料供应商到消费者的全部环节。在这种情形下，银行相当于将整个供应链理解为一个统一的"企业"，根据消费者订单来安排生产过程。在这里，银行发挥的是整个"企业"的决策部门和财务部门的双重角色。此时，只要消费者存在需求而社会生产能力能够满足这种需求，这种新型供应链金融的业务模式就可以保证：无论能够提供这种生产的企业是大企业还是中小企业，企业都可以根据订单获得资金，从而使消费者的需求得到满足。如果这个方向走得通，大家不难想象，在我国供给侧改革的整体大背景下，在技术和信息层面掌握供应链金融业务先机的银行就有可能实现更好的发展。

其二是个人信贷服务。现有个人信贷业务的核心是消费者的信用——要么来自于存量资产，要么来自于未来现金流。这样，银行出于谨慎的原因，给普通人的信用额度往往较低。但尤努斯通过格莱珉银行的实验向我们证明，即使是最贫困的人群，依然有相当高的信用。在很多人看来，这意味着个人信贷服务可能比我们现在可以做到的规模更大。不过，以目前的技术手段，如果要增加个人信贷业务，要么就需要降低对个人的风控要求，要么就需要更准确地找到个人的信用边界。次贷危机已经证明前一种做法并不可取——过度消费只可能带来毁灭性的结果。而大数据征信的拥趸则认为自己找到了后一种做法的突破点。

不过，在作者看来，提高个人信用边界的关键必然是对于个人未来前景的判断而不是对历史数据的判断。例如，向格莱珉银行贷款的穷人，如果这些贷款者将其获得的资金用来扩展出一种谋生的技能，那么其未来还款的能力就会提高；而如果其目的只是为了在节日期间能够更好地庆祝，那么未来还款的可能性就比较可疑。同样的，如果银行用各种理由说服自己来为债务人提供尽可能多的、以消费为目标的贷款，那么最终的结果可能并不好 ①：虽然消费金融在短期可以通过促进消费来拉动经济增长，但长期看，消费金融扭曲了债务人的消费方式，使其无法正确理解消费品价格信号背后所反映的实际信息，其后果往往是个人的过度举债和一个经济体在虚假繁荣后的一片荒凉。

　　所以，作者认为，以促进债务人终生福利最大化为目标的个人信贷业务——而不是以促进债务人当前消费最大化的消费金融业务——才可能成为银行的另一个重要业务模式。在可预见的未来，以新信息技术为基础的社会管理方式很可能出现重要的转变，社会管理者对社会的每一个个体都会有更为系统且实时的了解，整个社会的组织性和协调性都会产生明显的进步，在此时，银行由于其自身业务特点，必定要参与承担一部分社会管理职能。例如，目前由银行负责执行的医保结算、退休金发放等业务，在未来，无论是种类还是规模应该都会增加。这样，在理论上，银行更有条件在个人客户的整个生命周期中更全面且更及时地了解个人客户。银行在这个基础上所提供的个人信贷服务，应该类似于供应链金融业务，其基础应该是对消费者所处的整个经济环境和整个生命周期的完整了解，而不是通过技术手段诱使消费者消费和借贷。更进一步地说，这样的个人借贷业务在人工智能技术的帮助下，应该向着客户终身财务顾问或者家族办公室的方向发展，从而使银行提供的金融服务从基础的面向一个人的、偶然发生的借贷服务，逐步转化为面对一个家庭的、以资产配置为核心的综合性的金融服务。

　　当然，作者并不认为只有银行才可以完成这些业务，在信息层面，银行可能具有某些优势，但这种优势能否发展为胜势，本质上靠的还是技术水平的发

---

① 有兴趣的读者朋友可以参考通用电气金融部门的案例：这家公司在 1943 年就开始从事金融业务，其中，消费信贷、住房抵押贷款都是金融部门重要的业务。次贷危机后，公司因金融部门亏损不少。最终通用电气放弃了整个金融板块业务。

展和服务能力的提高。那么，为了能够更好的发展存贷业务，银行应该在哪些方面有意识地提高自身的信息技术应用水平呢？作者认为是两个方面。

一方面，银行可以考虑利用现有的业务优势，在自身所关注的领域硬性地植入一些信息采集设备，从而获取更多的信息优势。例如，为贷款企业提供免费的办公自动化系统，或要求企业向银行开放其办公自动化系统的后台数据，使银行能够及时获取企业的经营信息。又例如，要求贷款企业对其电表、蒸汽表等设备进行智能化改造，使其能够向银行后台实时报数。又例如，要求贷款人购买意外伤害险、死亡险或者健康险，并以此为条件要求保险公司来分享关于客户的健康信息。等等。这些获取额外信息的活动与银行目前的业务可能关系不大，但一旦形成某种行业惯例，银行所能获取的信息量将大幅度增加。这些新增信息结合上能够使用这些信息的算法，应该对银行未来业务发展有重要的意义。

另一个方面，银行应该注意对自身行业内部已有信息和数据的开发和研究。事实上，银行业内部已经获取的信息相当丰富，但由于银行业的行业格局并不集中，这些信息丰富但未必完整。所以，在短时间内至少有两个方向可以进行努力：其一是致力于银行同业之间的信息沟通与业务协作，共同提升服务能力和信息完整度；其二是对算法进行更深入的研究，将已有数据和信息更充分利用起来。

那么，银行在这些方面的进展如何呢？或者说银行目前对于信息技术的主要应用方向在哪里呢？表 5-1 列出了 2007~2015 年由人民银行评出的"银行科技发展奖"的特等奖和一等奖名单。考虑到这是人民银行评出的奖项，其获奖项目基本上可以涵盖我国银行业所发生的最重要技术创新与进步。在这里，作者列出的是特等奖和一等奖的名单，这是由于最高奖项应该能够代表这些参评单位最为关注、投入资源最多且最为业内所认可的技术进步，应该最有代表性。通过研究这些项目的变化，大致就可以整理出我国银行所关注的技术路线，沿着这些技术的历史发展路线，同时关注银行所面对的问题和挑战，就不难猜测银行后续的技术发展方向。除此以外，这个奖项每年大约还有近百个二等奖与三等奖项目。有兴趣的读者可以去人民银行网站或其他网站搜索相关内容，以获得更为全面的信息技术发展脉络。

表 5-1 2007-2015 年 "银行科技发展奖" 特等奖和一等奖获奖名单

	2007年	2008年	2009年	2010年	2011年	2012年	2013年	2014年	2015年
特等奖					中国银行核心银行系统	中国人民银行个人征信系统	大小额支付系统	国家金融IC卡安全监测平台	中国工商银行两地三中心工程项目
一等奖	1. 中国工商银行数据中心主机高可用性实现研究与实施项目 2. 中国农业银行信息系统架构整合与集中数据工程	1. 中国工商银行数据生命周期管理技术规范 2. 现代商业银行IT体系规范的设计与实现 3.SP印钞机设计及印刷工艺的开发 4.J99型印钞机	1. 中国工商银行PBOC2.0规范发卡和收单项目 2. 现代商业银行IT体系规范的设计体系研究 3. 中国建设银行IT审计体系研究 4. 钞票大张质量检查机	1. 国家外汇管理局贸易信贷登记管理系统 2. 中国人民银行监测统计分析系统数据集中项目 3. 中国工商银行信息化成本核算效益分析研究项目 4. 中国农业银行JavaEE综合应用平台 5. 中国银行公司信贷管理系统 6. 中国建设银行网络银行电子商务信贷业务系统 7.XXXXXX技术的研究(造币技术)	1. 国家外汇管理局直接投资外汇管理系统 2. 基于财税横向联网的国库信息处理系统 3. 中国工商银行业务运营风险管理系统 4. 中国银行IT项目组合管理方法论研究与实践 5. 奥运纪念钞研制与开发 6. 第29届奥林匹克运动会普通纪念币的研制与开发	1. 中国工商银行全球市场风险管理系统 2. 中国农业银行运营集中平台项目 3. 中国工商银行企业级数据管理项目 4. 中债综合运营平台	1. 中国工商银行管理会计系统建设项目 2. 中国建设银行业务流程再造工程 3. 手机金融IC卡信贷创新示范工程 4. 中国银联云计算平台安全体系研究 5. 国家外汇管理局外汇交易监测系统 6.XCJ小张钞票质量检查机	1. 交通银行大机,开放一体化的远距离同城双活体系建设 2. 国家金融信用信息基础数据库 3. 中国工商银行存贷产品利率定价与管理项目 4. 移动支付安全技术研究和应用 5. 数据中心服务能力成熟度研究 6. 中国建设银行善融电子商务金融服务平台项目 7.** 复合防伪特征的应用研究 8. 中国古代银锭铸造工艺研究	1. 中国银行全球统一支付平台 2. 中国反洗钱监测分析系统 3. 中国光大银行给予全行资源池化管理的私有云建设实践项目 4. 中国工商银行应用系统全球化服务体系和支持机制的研究和实施项目 5. 中信银行企业级架构引领的新一代核心业务系统建设项目 6.DM06A-2型**机 7.W10型四色****的研制

可以清晰地发现，在过去的 10 年里，我国的银行业信息技术应用水平发展迅速。其主要应用方向从数据存储、灾备等基础设施逐步扩展到云计算、大数据、物联网、移动互联网等更丰富的技术应用；其主要功能也从适应业务部门的业务需要，逐步发展为适应新业务发展以及改变流程与管理。不过，这些技术应用总体上说还是在着力解决银行已经或将要面对的业务困难，在长远谋划方面尚不算主动。这样，如本节中作者所探讨的技术应用方向，在未来，很有可能是银行特别需要的技术。如果提前布局，或许有很大的商业机会。

专栏5-1	EarnUp与Fundbox

EarnUp是一家位于美国旧金山的金融技术公司，他们提供一项能够减少借款人最终还款总额的服务。大体上说，如果借款人付费成为EarnUp的客户，那么，EarnUp就将通过监控借款人的账户，来跟踪借款人的财务状况。一旦发现借款人有能力偿还债务时，EarnUp便帮助借款人用其可用的资金来偿还其借款的本金。这个看起来很简单的服务，可以为它的客户平均节约22000美元的还款成本。

Fundbox也是位于旧金山的金融技术公司。Fundbox通过其客户所使用的Quickbooks或者Freshbooks等记账软件来同步客户的财务数据，在了解客户财务状况的基础上，Fundbox可以帮助其客户向客户的供货商提供不超过10万美元的预付款。

在2016年，这两家公司被福布斯杂志评为"年度最优金融科技项目50强"。虽然这些早期项目最后能够活着长大的机会渺茫，但通过技术手段来解决问题的思路却值得嘉许。

至于银行的汇兑、结算等货币经营业务，虽然是商业银行起家的基础业务，但这种业务并非只有银行才能开展。比如在汇兑领域，大多数小型银行根本没有能力做国际汇款业务，而拥有世界上最大最先进的电子汇兑系统的西联汇款却根本不是银行。又比如在支付领域，平均每天接近 8400 万的支付宝客户使用支付宝进行支付，这个数字也已经超过了我国绝大多数银行类金融机构的客户总人数。在货币经营领域，技术竞争的焦点是便捷的客户体验、高速的业务效率与低廉的交易成本。关于这些业务的技术应用，如果有的读者感兴趣，同样可以参考"银行科技发展奖"的获奖名单——在过去的十年里，银行在货币经营业务方面也取得了堪称巨大的进步。作者相信，除非像百联汇款、支付宝一样已经建立了某种独特的业务网络，否则，在信息技术的帮助下，拥有更好信用水平和更强信息技术的大银行有可能在货币经营业务上击败它想击败的任何对手。

专栏5-2	第三方支付

关于兴盛于我国的第三方支付行业，实在是一个很有趣的话题。通常会把第三方支付作为互联网金融的一种典型业务类型。但在作者看来，其实并不是，类似的业务模式，在银行里早就有，比如说信用证业务。那么，这个业务是一种信息技术的创新吗？其实也不算什么创新。这类业务能够实现，根本在于银行支付技术的进步。那么问题就来了，这个业务不就恰好应该由银行来做吗？为什么会出现这么多第三方支付公司呢？以作者的观点，这原因说穿了不过是银行自己送出去了这块市场，通过银行做支付，不但时间长（不同银行间不能即时到账），而且居然还有收费，甚至在2014年还一度以安全性问题为由禁止银行从事类似业务。所以，在正常情况下，支付方和收款方当然会选择更便利且免费的支付方式。不过，一旦银行自己想明白这些事情，重新出手来做这一块业务，那么，除了那些有特殊渠道的第三方支付公司之外，其他同业公司的业务估计都会逐渐萎缩。

第三节　证券业的信息技术应用

证券行业的主要经营者往往被称为投资银行，不过这只是一个概称。在美国，这个词是投资银行（Investment Bank）；在英国，这类机构可能被叫做商人银行（Merchant Bank）；在我国和日本，这类机构被称为证券公司，或者叫券商；在欧洲各国，多数国家仍然保持着混业经营的传统，所以很多商业银行也同时兼营证券业务，比如德意志银行、巴克莱银行这些著名的银行，在证券业务当中也是赫赫有名。在本书的叙述中，为了简单，在这一节中，作者索性按照我国惯常的说法，把从事证券行业的企业统称为券商。

那么，券商是做什么的呢？这又是一个非常麻烦的问题。如果说券商就是从事有价证券交易的企业，那类似阳光私募算不算券商？公募基金算不算券商？天使基金、创投基金、私募股权基金、夹层基金、并购基金等等这些Private Equity Fund 是不是就都不算是券商应该从事的业务，还是说在二级市场做收购的并购基金算，其他主要投未上市企业的基金就不算？等等。在投资银行学这个领域做过奠基工作的罗伯特·库恩①用四个层次来定义券商的业务：最基础的业务仅限于从事一级市场证券承销和资本筹措、二级市场证券交易和经纪业务；扩大一些的业务范围则是在最基础业务的基础上增加企业融资与兼并收购等业务；再扩大一些的业务范围则是进一步增加创投基金、基金管理和风险管理等新业务；而最广泛意义上的业务范围则包括任何华尔街上所有的金融业务。从库恩这个含含糊糊的业务内容描述上不难发现，券商本身的业务范围相当灵活：只要一个业务有利可图，又没有法律法规明确禁止，那就没有什么可以挡住券商开展这种业务的热情。事实上，如果当年没有《格拉斯·斯蒂格尔法案》强迫美国的金融机构进行分业经营②，那么券商很可能也不会放弃

---

① 希望系统了解投资银行这个行业的读者，恰可参考库恩的著作：Robert Lawrence Kuhn（1990），*The Library of investment banking, Richard D Irwin*。这书虽然年代久远，但将投行业务的基本逻辑和基本思路说得非常清楚，尽管过去的近三十年中，全球金融行业表现出了强大的创新能力，但至少到现在，还没有出现任何能够颠覆基本逻辑的业务。

② 关于混业经营还是分业经营的问题，在美国一直纠缠不休。1933 年的《格拉斯·斯蒂格尔》法相当于是对于 1929～1933 年美国大萧条的一次反省和事后预防，在随后的半个世纪里，通过 1956 年的《银行控股公司法》、1977 年的《社区再投资法》对分业经营这个思路做了补充与完善。上世纪 90 年代，在苏联解体、美国新经济取得较大成果的大背景下，以金融信息技术为突破点，以 1999 年《格雷姆 - 里奇 - 比利雷法》为标志，美国实际上将已经在立法层面放松了对分业经营的要求。但随后出现的次贷危机令美国政府对金融企业的业务行为产生了新的认识，最终导致 2010 年《多德 - 弗兰克法案》的出台，这意味着美国对金融行业的态度转变为更为严厉的监管，混业经营的趋势被遏制，在银行接受更多监管的情况下，分业经营的趋势再次出现。但特朗普总统则一直宣称要废除《多德 - 弗兰克法案》，令后续发展存在变数。我国金融系统对于美国经验借鉴较多，到目前为止仍然是分业经营。

商业银行的存贷业务。显然,我们不可能以广义券商业务为基础来讨论问题——那意味着要站在券商的视角重新编写这本书的内容。因此,在这一节中,我们对于券商业务的研究仅限于三类基础业务:证券承销业务、证券自营业务与证券经纪业务。

事实上,至少在我国,三类基础业务也构成了券商的最主要收入:在2015 年全年,经纪业务的营业收入是 2691.0 亿元,和经纪业务相关的两融利息收入为 591.3 亿元;在同期,自营业务的投资收益是 1413.5 亿元、承销保荐的营业收入则有 393.5 亿元。不过,这些业务肯定有大小年之分,2015 年股市的一波牛市让券商多挣了不少钱,并不代表一般年份的水平。如果考察比较"正常"的 2014 年,券商的收入有比较明显的下降:经纪业务的营业收入是1059.5 亿元,两融利息收入是 446.3 亿元,自营业务的投资收益是 710.2 亿元、承销保荐的营业收入则有 240.2 亿元。至于我国券商也同时经营的资产管理、财务顾问、投资咨询等方面的业务,其业务收入规模要小得多:在 2015 年,资产管理业务的营业收入为 274.9 亿元、财务顾问业务营业收入为 137.9 亿元、投资咨询业务营业收入为 44.8 亿元;而在 2014 年,这些业务的营业收入则分别为 124.4 亿元、69.2 亿元和 22.3 亿元。由此,我们可以认为,这三类基本业务大体上也就是券商最主要的收入来源[1],研究这三个行业在信息技术作用下的发展变化,实际上就基本上可以看出整个证券业的变化。

首先,我们来看证券经纪业务。说穿了,这个业务就是帮助其客户买卖证券并收取佣金的业务。这事儿不像银行存贷业务那样多少有些理论上的道理。如果读者去了解一下证券行业的发展史,就不难发现这个业务几乎纯粹就是在落后技术条件下不得已而为之的一种妥协。早期的证券市场——比如英国乔纳森咖啡馆或者美国的梧桐树下——只能容纳很少的人进行现场交易。那么如果一个住在纽卡斯尔(英格兰最北端诺森伯兰郡的郡治)的人想去伦敦买入证券,他就只能到伦敦去做这笔业务,这显然很辛苦。为了减少辛苦,他就需要在咖啡馆里找到一个经纪人,按照他的委托来完成这笔业务。虽然要付出一些佣金,

---

① 不同国家可能有不同的情形,这里说的是我国的情况。

但仍然可以节约不少成本。类似的，一个人即使就住在伦敦，如果他只是偶尔进行交易，那么他也很可能因为不熟悉市场而无法识别市场中谁是骗子，谁是好人。而如果他的知识匮乏到居然连证券的真伪也不能准确判断的时候，即使是好人也随时可能去客串一把骗子来骗他一回。这样，他也需要一个熟悉证券业务的经纪人来帮助他辨别证券真伪，并帮助他在协商交易价格的时候不吃亏。总之，从事证券经纪业务的证券经纪人本质上和西周时代的"质人"、西汉时代的"驵侩"、唐代之后的"牙子"没有区别。只要存在信息不对称的地方，经纪业务就会保持持久的生命力。

所以，从历史的观点看，证券经纪业务确实有其存在的合理性。不过，如果考虑到信息技术的进步，证券经纪业务的必要性就变得非常可疑：大型的服务器和自动撮合交易程序，意味着虚拟的交易场所完全可以容纳世界上所有的交易者；电子化的簿记系统、区块链技术、新的加密与安全技术等新技术的出现，几乎可以保证投资者不可能通过某个正规交易渠道获得什么假的证券；手机、个人电脑等终端设备和良好的网络通讯基础设施，意味着投资者有条件联接任何交易所的网络，等等。那么，试想一下，至少在证券业这个具体的行业里，证券经纪业务真的有必要吗？

专栏5-3 | **Robinhood 和Trumid**

尽管赢透（Interactive Brokers）已经通过互联网技术将经纪佣金大幅度降低，但Robinhood（这个公司在中国的应用APP取名为"罗宾侠"）这个互联网经纪人则对证券经纪业务有更激进的观点——"股票交易全程都是电子化的，本身就应该是免费的，就像今天电子邮件免费一样"。因此，Robinhood对其提供的股票经纪服务不收取任何佣金。如今，这个公司以APP的面目出现在中国，或许对中国券商的经济业务产生冲击。

如果说Robinhood的成功证明了场内交易的经纪业务不应该收取佣金，那么，Trumid的成功则证明了场外交易的经纪业务也可以不收取佣金。这家成立于纽约的金融技术公司通过电子平台为做场外债券交易的买卖双方提供一个匿名交易环境，如果交易成功，Trumid会抽取一点儿佣金。有些读者朋友可能觉得Trumid的业务没什么大不了的。但事实上，在传统的场外交易市场并没有实现类似场内市场一样的完全电子化。交易双方能够成交，主要就是靠自身的市场渠道或者经纪人的交易撮合，Trumid试图通过信息技术手段将这种交易从私下交易转变为一种类似场内交易的交易方式。如果Trumid能够获得成功，场外市场交易的活跃程度有望大幅度提高，而Trumid有可能转变成一个场外交易的交易所。所以，Trumid的投资人当中也包括彼得·泰尔和乔治·索罗斯——Trumid这个看似很简单的业务背后，可能蕴含着巨大的机会。

　　其次，让我们来看看证券自营业务。我们都知道，这个业务就是券商用自己的钱做证券交易的业务。只要符合市场的游戏规则，在这个市场上是赚是赔全靠本事，对结果也就是各安天命。在这个业务中，信息技术给券商提供了很多支持——获取并分析市场信息、设计或改进交易模型、保护交易信息安全等等。只要这个市场存在，券商肯定会坚持做这个业务，而信息技术所能产生的影响无非就是如何帮助券商在自营业务中盈利罢了。有些观点宣称，随着人工智能技术的进步，券商会越来越在自营业务中依赖计算机。但作者从不这样认为——人工智能最多是处理信息的速度比人快，可运气却未必比人来得好。事实上，对于以赚取买卖差价或者通过对赌获利的自营业务来说，即便不考虑任何交易成本，其结果也就是个零和博弈。如果我们假设所有人都有动力在这个零和博弈中取胜，并且智力水平又差不多，那么解释大家博弈结果差异的理由，恐怕除了内部交易以外，就只剩下运气了。当然，相对于散户而言，券商作为一个整体在信息和专业程度上都具有明显的优势，所以券商整体上倒是可以从散户身上获得持续盈利。所以，我们也同样可以想象，如果能够普及基于人工智能的智能投顾技术以及出现更为普及的金融信息发布系统，那么散户在信息和专业程度上的劣势就有可能会被部分抵消，这样，券商自营业务的业绩可能会受到一些不利的影响。

　　最后，让我们来看看证券承销业务。这个业务的出现和其他业务不完全相同，虽然券商从这个业务中也赚钱，不过这个业务在某种程度上属于一种近似于公益性的业务。从证券承销业务的发展历史上看，在法律上确认这一制度的最初目的是为了避免上市公司隐瞒重要信息，从而给投资者造成损害。以美国为例，早期的证券市场奉行自由主义精神，只要是能发行成功，发行方就并不会太在意整个发行的过程。别说发行证券，在那个时代，就算是做一些内幕交易也都没有人关注。直到 1907 年"斯特朗夫妇起诉拉皮德"案之后，美国政界和法学界才开始意识到，需要给证券业树立更严格的规矩，从而导致 1911 年堪萨斯州通过了第一部州级的《蓝天法案》。在经历了 1929 年开始的大萧条后，美国深感证券市场的混乱对国家的不良影响，从而在 1933 年出台《证券法》，又在 1934 年出台《证券交易法》。随后全国证券商协会（NASD）又在《证券交易法》的授权下，逐步建立并完善了美国现有的证券承销业务体系。我国的证券制度借鉴了美国的制度，我国《证券法》也明确规定在发行过程中必须有证券公司作为承销人。在我国的制度环境下，作为承销人的券商实际上至少要承担三个角色：第一，作为交易顾问，为企业设定全部的发行方案，并帮助企业完成整个上市流程；第二，作为信息搜集和尽职调查的主体，确认企业公布的信息为真，并对这些信息的真实性进行背书；第三，在完成销售后，需要在一段时间内维持股价稳定，避免市场大幅波动。因此，在我国，承销制度与发审制度和保荐制度共同构成了核准制的基本制度框架。这样，券商实际上也就成为了证券发行权力结构中的一个组成部分，从而处在一个难以更易的状态。

　　信息技术对于证券承销业务的影响至少有两个方面：一方面，信息技术可以被券商使用，以便提高效率、降低成本；另一方面，信息技术可以在企业和投资者之前建立更直接的渠道，以规避监管、绕开承销人。在这两个方面的影响中，前一个方面未来很有可能体现为人工智能取代一线基础作业的员工，而后一个方面则主要可能是类似 DPO 这样的融资方式。

专栏5-4	人工智能AI

2016年5月，美国的"百强"律师事务所Baker & Hostetler宣布启用AI来负责协助处理企业破产相关事务。据称，该律所启用的AI能够阅读现有法律和文献，以此为基础，该AI既可以对特定案例进行分析，也能够回答人们提出的相关问题。而且，通过不断的人机互动，该AI可以自我学习，来提高答疑的准确率。

为了说明AI的进步，作者还可以举一个作为教师、非常不愿意接受的案例：在佐治亚理工大学，IBM的Watson机器人以助教的身份，通过电子邮件来帮助同学们解决毕业论文中的各种问题。在整整五个月的使用时间里，没有一位同学怀疑过自己的助教居然根本就不是人。可见，AI在文本上的人际互动能力，实际上已经相当强大。

了解券商的读者朋友应该知道，在券商的证券承销业务中，有很多人的主要工作就是文案处理和与客户的业务沟通。如果券商使用了同样或相近的AI，每个项目团队的工作量都会大幅度削减。在好年景里，这意味着大家有更多的时间去享受生活；在不好的年景里，这意味着券商可以节约很多成本——部署AI虽然需要些成本，但后面的成本主要就是电费、升级和维护，总比养着一群拿"Attractive"（有竞争力的）工资的大活人要便宜得多。

专栏5-5	DPO

关于DPO（Direct Public Offer，大概可翻译为"直接公开发行"）这个业务最早出现在1994年：一位因为企业规模太小而没有券商愿意做承销商的企业家，愤然通过网络平台向投资者发布自己的公司信息，并成功发行了自己企业的股票。但这个业务成为合法业务的时间确是在1995年。在当年10月，美国证交会（SEC）发布了一个名为《利用电子媒体传播信息》的报告，确立了"在纸上发送的信息也可以用电子邮件来发送，它们

在法律上具有同等的效力"的基本原则。这样，直接通过互联网发布企业招股说明书来公开发行股票的做法在法律上就被视为可行。虽然DPO模式现在仍然问题重重，也没有形成太大的规模，但仍然可能有潜力成为分食证券承销业务的一个创新模式。

关于证券承销这个业务，券商还应该注意到一个基本的事实：承销这个业务也未必一定要由券商来完成。如果说分业经营的出发点是至少要将存款和保费这些资金和券商的自营业务相隔离，那么对于与自营业务无关的承销业务来说，这种业务上的隔离其实并没有什么道理。这样，通常一个金融企业只要资本实力够强大（必要时能提供包销服务且能发行后稳定市场）、业务素质过硬（专门从事金融业务，金融知识丰富）、有相当的销售渠道（可以提高发行成功的概率），且能满足监管要求（获得监管部门授权），就都可以在不同程度上参与到证券承销业务中。在很多国家，商业银行几乎可以参与任何证券的承销业务。而在我国，至少在固定收益领域，商业银行也完全可以成为承销人。随着一些有实力的金融企业的加入，券商的证券承销业务也面临着业务被侵蚀的隐忧。

总之，如果仅仅考虑证券业的三种基础业务，那就会发现证券业在信息时代的尴尬，随着信息技术的深入应用，证券经纪业务很可能日益式微，证券自营业务基本上还是靠天吃饭，证券承销业务可能被商业银行等金融机构蚕食。至于其他相对较小的服务，只要这个业务当年是靠着"信息不对称"这一基础起家的，就都可能受到来自信息技术的挑战。

第四节　保险业的信息技术应用

和银行业与券商业比起来，我国的保险业看上去可能没有那么高大上——通常人们对保险公司的第一印象往往来自推销员或者推销电话。事实上，保险行业所管理的近 11.2 万亿保险资产虽然远不能和规模近 200 万亿的银行相比，但要比券商管理的 4.4 万亿资产大得多。在 2015 年，我国保险业的原保费收入高达 2.4 万亿，怎么说都是资本市场上不可小觑的一股力量。

虽然保险产品类型多样，但大致划分起来无非两种：保障型保险和非保障型保险。非保障型保险主要就是储蓄或投资功能，这一块业务和银行、券商或其他金融企业的同类业务相似，信息技术对这块业务的影响也相似，作者在这里就不再重复。在这一节中，我们主要研究保障型保险（以下将"保障型保险"简称为"保险"）的问题。

保险也是一个古老的金融业务，但和其他金融业务又有根本的不同。保险的原意不是为了追求利润，而是为了在灾害发生后，能够在一定范围内分摊风险。在公元前 2000 年，古巴比伦王国就曾向国民收一种特别税，用以补偿那些不幸遭遇火灾或其他灾害的国民；古埃及的石匠组织向会员收取会费，用以支付去世会员的丧葬费；古罗马的士兵组织也向会员收取会费，作为伤亡会员的抚恤金，等等。实际上，上述三个来自古代的案例，基本上已经涵盖现代保险的主要品种：财产保险、死亡保险、意外伤害险。可见，保险这种业务既简单又实用：简单，以至于文化水平不高的人也容易理解和接受；实用，以至于能够在一个群体中通过互助而自发的产生。

事实上，从理论的角度看保险，逻辑上也非常简单——对于一个群体而言，在一定期限内，如果某种灾害不会同时在每个成员身上发生，那么，通过向这个群体中的每个成员收取一笔费用，就可以形成一个资金池，从而可以为这段期限内遭遇损失的成员提供补偿。逻辑虽然简单，但将这个逻辑转化成具体的保险产品，还存在某些困难。其一，如果所有成员同时会遭受某种灾害，那么资金池的资金肯定不够用来对所有人都进行补偿。所以，直到今天为止，巨灾保险仍然是保险行业的一个难题；而战争、地震、海啸等等会让大范围人群一起遭遇困难的情况，也通常会在保险免赔条款当中。其二，为了保证资金池里的资金够用，就需要分析未来发生损失的概率和数额，这就需要利用统计学的知识对保险产品进行精算，这是个技术问题，虽然比较复杂，但在随着技术的进步，精算水平也在不断提高。其三，逆向选择和道德风险的问题。例如，身体不那么健康的人总比身体非常健康的人更愿意在同等价位上去购买健康保险，但问题是，如果身体不那么健康的人多了，出险的概率就会提高，那保费自然就会提高，然后身体不那么健康的人当中相对健康一些的人恐怕就会觉得买保险不划算，而不再购买保险。于是上述过程会不断重复，直到那些必然会生病的人才会去买保险，从而导致保险的逻辑基础不复存在。这也就是所谓的"逆向选择"问题。而"道德风险"问题也同样令保险公司倍感头痛：如果一个人买了健康保险以后，因为治病的成本降低，所以就放弃了现在细心维持健康的生活习惯，就会造成这个人发生健康问题的概率提高，同样会影响基金池最终的补偿结果。为了对抗"逆向选择"和"道德风险"，专家们想了很多方法：比如建立核保机制，比如设定免赔额，等等。某种程度上说，保险业的发展始终伴随着与"逆向选择"和"道德风险"的斗争，而这个斗争到现在为止也仍然在继续。

那么，信息技术的发展，在这一过程中有什么作用呢？肯定大有用处。从前文所述的保险业的基本逻辑中，我们不难看出，保险业的基础是灾害发生的不确定性，而不是像银行和券商等金融机构那样，把基础建立在处理信息不对称问题上。这样，信息技术对保险业来说是提供了对抗不确定性的工具，而非是涉及行业存废的挑战①。那么，信息技术在保险中有什么用处呢？除了为销售提供便利、简化管理工作流程等一般性的应用之外，单纯从保险业的基本逻辑出发，信息技术在保险业中有两个最关键的作用，其一是增加保险公司的精算能力，其二是增加保险公司对抗"道德风险"和"逆向选择"的能力。为了实现这两个关键的作用，如下技术的发展可能是需要的。

第一是大数据技术的应用。大数据技术理论上可以在很多方面给保险业带来进步，比如销售对象分析、客户流失分析、销售人员管理、客服响应，等等。但大数据技术更重要的应用方向应该是对投保人和投保对象进行分析。从精算的角度说，已有的精算表主要来自历史数据的总结，且精算人员对影响这些数

---

① 有些人认为互助保险公司会代替商业保险公司，可能也是不对的。在信息技术发达的情况下，商业保险公司的管理成本会下降，而多元化的业务内容可能会将各种风险在一个更高维度上进行管理，反而可能更有效率。

据的原因了解程度不高，这样，在开辟新业务或者新的组合业务时，精算表提供的概率就可能不准。借助大数据技术（或者说就是数据挖掘技术），可以在已有历史信息的情况下，找到数据更丰富的相关性，以便处理新问题时，可以有更为精准的估算。从解决信息不对称问题的角度说，大数据技术（或者说就是数据挖掘技术）可以对客户行为进行更精准的识别，从而使投保人更难隐藏自己的真实意图。目前，进行数据分析的主要困难在于不同的承保人之间没有将各自掌握的信息加以集中。这样，每一家的数据都不完整，数据分析的结果就未必好。而 2013 年成立的中国保险信息技术管理有限责任公司（简称为"中国保信"）对于保险业的数据分析工作来说是一个巨大的利好，这家由国家成立的公司，致力于集中全国各家保险公司所生成的各种数据，并在此基础上，为所有的保险公司和相关机构提供信息服务。虽然现在比较完善的只有车险平台，但中国保信所引导的保险行业发展方向，相当值得期待。

专栏5-6　　　　　Allstate Corporation

　　这家美国的汽车保险公司通过大数据技术分析理赔数据、理赔人数据、网络数据和揭发者数据，将所有理赔请求首先按照已有的欺诈模式自动处理，然后再交由人工核实。利用大数据技术所实现的这个工作流程的改变，帮助公司将车险诈骗案减少了30%，误报率减少了50%，整个索赔成本降低了2%~3%。

　　第二是物联网的应用。应用物联网的目的更为直接：时刻紧盯着投保标的，增加对投保标的的了解。这样做的好处至少也有两个，其一是容易确认投保标的，能够实时了解投保标的发生保险事故的概率，并能够相对准确的评估损失；其二是能够帮助减灾，即减少灾害发生的概率或减少灾害发生后的损失。物联网是一个很宽的技术概念，目前保险公司所使用的技术主要有：车联网、智能家居、可穿戴设备，等等。相信随着技术的发展，保险公司可用的技术工具肯定会越来越多。

专栏5-7	UBI

UBI（Usage Backed Insurance，大概可以翻译为"根据使用状况来定价的保险"）是一种新的车险形式，其基本思想是：车辆只有在被使用时才有可能发生保险事故，所以车险的定价应该和车辆的使用状况有关。相比于已有的车险定价方式，UBI显然更有道理：一辆一年都停在车库的劳斯莱斯"幻影"所应该交的保费，确实没理由比一年开六万公里的大众"捷达"更贵。但就在几年以前，我们还很难以较低的成本来随时掌握一辆被投保的汽车到底在什么时间、什么地点、行驶了多远。托信息技术进步的福，现在这个问题已经可以被解决。英国英杰华保险（Aviva）通过引入车载设备，可以监控驾驶者最初200英里的驾驶状态。并根据驾驶者行为（如加速、刹车和拐弯）数据记录，来计算驾驶者应该投保的费率。位于美国旧金山的Metromile公司则利用汽车监控设备来计算客户使用车辆的里程，并根据里程数来进行定价，据该公司统计，如果客户每年行驶里程为1.6万公里，该公司所提供的保险能够比具有同样保障功能的车险便宜40%。

除了定价以外，UBI还有减灾的功能。例如，美国利宝互助保险公司（Liber ty Mutual）为公司或大型车队可以提供安装在汽车上的GPS和其他传感设备，这些设备能够采集里程数、车速、加速情况和位置等信息，并实时将信息传回后台，从而帮助公司或车队去改善驾驶员的驾驶习惯、加强安全管理。英国的Insurethebox则为客户提供一种集成了GPS、运动传感器和SIM卡的装置。该装置既可以在发生车辆丢失事故时，帮助客户迅速找回被盗车辆；也可以在车辆发生意外事故时，自动为客户提供紧急救援，从而减少车辆事故所造成的危害。

专栏5-8	商业健康险中的可穿戴设备

商业健康保险是一种很难经营的保险业务。由于投保人和保险公司相对于医疗机构来说都属于外行，所以，这种业务通常具有严重的信息不

对称问题①。目前，新的技术手段正在被用于改善这个问题。埃森哲咨询公司在2015年在一次对9个国家221名保险公司高管的调查中发现：63%的受访者认为两年内可穿戴设备将被保险公司广泛应用；31%的受访者表示已经在利用可穿戴设备与客户、雇员和合作伙伴进行互动。从设备上看，新型的设备可以通过意想不到的方式，非常方便地采集被保险人的体征数据和健康数据：例如，Smart Diapers智能尿布可以分析婴儿排泄物来监控婴儿的肾脏功能等健康数据；谷歌隐形眼镜通过分析眼泪成分可以获得用户的血糖、体内酒精含量、过敏源等方面的数据，等等。而这些数据结合上优秀的算法，就可以为保险公司提供关于被保险人健康问题的全景图像。从而使保险公司具备相当水平的健康管理功能。在南非，Discovery保险公司在南非、美国和英国推出了一种健康管理计划：保险公司通过支持Withings的智能设备来采集被保险人的健康数据，进而为被保险人提供科学的健康管理。保险公司鼓励被保险人关注自身健康，并对参与者的健康行为和饮食进行干预，改变其不良的生活习惯。如果被保险人能够达到保险公司所期待的某种标准，保险公司就会减少投保被保险人的保费。与此同时，保险公司还致力于与被保险人周边的生活设施合作，以求共建一个完整的健康生态圈：被保险人可以在附近超市购买健康食品时享受优惠、可以在健身房运动时享受优惠，可以在听音乐会放松时享受优惠，也可以在出国休闲旅游时享受优惠，等等。可以说，通过健康计划，保险公司可以深度切入到被保险人生活之中，不但可以增强客户黏度，也可以从成型的健康计划中获得良好的利润。

专栏5-9	农业保险中的植入式芯片

在农业保险中，给猪牛等大牲口的畜牧保险一致存在一个难题：一位养着100头牛的农户可能只为其中的一头牛保险，但一旦有牛发生意外死

---

① 现实中，在利益的取动下，医疗机构联手被保险人坑保险公司的行为（比如在中国），或者医疗机构联手保险公司坑被保险人的行为（比如在美国），都可以存在。

亡，那么死亡的总是那头保过险的牛。如果每次都对这种事情进行精密的理赔调查，显然成本太高；但如果不做仔细的调查，出险的概率也明显会超过预计。所以，在很长一段时间里，畜牧保险无法广泛推广。我国的安华农险公司对这种业务采用了一个新技术：将一个生物芯片植入到被保险的牛身上，如果某一头牛死亡，则用遥感设备就可以很容易地分辨出死牛的保险情况。随着这个技术的普及，畜牧保险业务也得到了有效的推广。

当然，和其他金融行业一样，信息技术在保险业的应用也非常丰富。以目前的情形看，至少在我国，商业保险公司通常偏向于把信息技术的发展方向锁定在销售领域，在竞争压力大的市场环境下，这种战略决策固然可以理解，但从长远看，信息技术的主要作用还应该是体现在产品设计和售后服务上。如果读者当中有人从事保险行业，那么对于这一点，还请多加注意。

第五节　其他金融机构的信息技术应用

除了"银证保"三类最重要的金融机构以外，其他类型的金融机构也相当不少。在这一节中，我们一起来看看这些金融机构在的信息技术应用问题。

在考虑这些问题之前，我们先来回顾一下除了银证保以外，还有哪些商业企业可以被称为金融机构。有一类是经营与贷款业务相关业务的机构：主要有信托、基金公司子公司、券商资管等银行通道，以及小贷公司、消费金融公司、典当行、担保公司，等等。有一类是从事投资顾问或资产管理业务的机构：主要有基金公司、阳光私募，等等。还有就是私募股权投资、不动产投资、艺术品投资等另类投资，以及融资租赁。

关于从事贷款业务的机构，信息技术对其影响与对银行存贷业务的影响应该基本相同，而且由于这些机构的体量相对于银行业要更小，所以也就更容易受到外部冲击的影响。关于从事投资顾问或资产管理业务的机构，其受到信息技术的影响本质上与券商的自营业务相似。不过，由于这些机构本身没钱，需要公开或私下的向其他人募集资金，当外部条件发生变化后，其客户对其业务能力的判断也有可能发生变化，所以，这些机构受到的影响肯定比券商自营业务要更大。

在其他业务中，关于房地产、珠宝、艺术品等方面的另类投资，依靠的是高度强大的专业水平，特别是艺术品，其中所蕴含的"艺术感"应该在短期内不容易被人工智能所把握，所以，估计受到信息技术进步的影响会比较小。信息技术可能最重要的功能就是应用于交易信息的搜集、确认、处理和传输等方面的功能，最终的投资决策仍然需要由人来完成。同样，对于私募股权投资基金来说，为了确定一个交易机会，不仅仅需要了解企业的基本信息，同时也需要凭借基金管理人的经验进行分析和判断，在完成投资后，需要为被投资企业进行投后管理，并提供增值服务。而且，最重要的是，获得一个交易机会可能还需要发掘一些人脉资源、建立一些交情。显然，这些工作也并不是简单的信息处理问题，也很接近一种"艺术"。所以，在这个意义上说，信息技术的进步可以为私募股投资业务提供工作上的便利，但并不太可能对这个行业既有的业务模式构成严重的挑战。

在融资租赁业务中，有些业务实际上类似于有抵押的贷款，那么，信息技术对这些业务的影响应该与对银行存贷业务相似。但融资租赁业务还有作为租赁行业的特点，租赁公司有动力保证租赁物能够安全使用，这就给信息技术提供了可以施展作为的空间。例如，在物联网等新技术的帮助下，租赁公司可以对租赁物进行动态监控，从而保证租赁物的安全。

在这一章结束的时候，读者可能发现，作者并没有用对每一类金融机构的每一项业务都做出详细的分析，从而给出一个明确而清晰的技术应用图景。事实上，作者不能也不想给出一个这样的图景。相反，在这一章中，作者清晰表达的是主要金融机构核心业务背后的逻辑——每一个业务究竟是为了解决一个什么样的具体问题才产生的。这些问题经过了长期的研究，其实已经有定论，而信息技术的现有应用和可预期的应用有可能改变了这些逻辑的某些前提，这也就意味着原有业务可以成立的某些前提已经发生了变化，当这种变化出现时，原有的业务就要发生变化。对于一个金融机构来说,这种变化才是最为关键的变化。至于改变销售方式、改变内部管理机制、风控机制等方面的应用,也很重要,而且可以说更为直接,几乎马上就可以变现。不过,若论及作者内心,仍然还是认为业务变化的大势更为重要——这个问题的解答涉及到未来根本战略问题,而不是计较现有业务的一时短长。

第六章

"互联网金融"与"金融技术"

早在 2013 年的时候，作者和作者的同事们就想写一本关于互联网金融的书。当时，这个行业风头正火，我们就想赶一把时髦，说说我们的想法。不过，当我们花了些时间和 P2P 行业的朋友做了深入的交流以后，就发现那个行业所说的大数据征信系统、反欺诈工具、基于新技术应用的风控模型等代表着这个行业核心能力的技术，实际上都还不那么完善。大家的套路五花八门，看起来虽然挺热闹，但坐下来细细梳理，其实都还是从其他贷款业务中汲取的经验。和其他贷款业务最大的差别，无非就是 P2P 将平台从线下的门店改放到线上的网页或 APP 罢了。

一个从北京大学软件与微电子学院毕业的研究生，当时创立了一个以保理业务为主营业务的在线平台，其套路和银行保理业务基本相同，大体上就是把企业应收款打折买过来，然后等付款方按时付款。不过，有一点和银行业务不同，他们的资金来自于网上募集。那位同学很认真地跟作者介绍他的业务时，作者只是问了两个问题——来自网上的投资人要求获得多高的利息，而你现在可用的资金有多少？那位同学给出的回答让作者惊出一身冷汗。基于一个教师的职业习惯，作者试图让他能冷静一点儿，面对现实。虽然那位同学嘴上说好好考虑考虑，但看作者的眼神分明是在看一个跟不上时代进步的老古董的眼神。这个故事后面的部分就很正常了：业务如期上线，然后业务做砸，然后就没什么然后了。

在另一个故事中，P2P平台打算找一家保险公司来给平台收上来的商业票据做违约责任险，也就是说，如果发出票据的企业最终违约，那么，保险公司就要向票据的持有人补偿违约的部分。看着朋友仿佛发现新大陆一般的兴高采烈，作者只能附和着说，这种商业模式着实高明。但作者的心里却是不屑的：这种事儿往先进了说是信用违约互换①（CDS），往寻常了说无非就是担保。对那些出票人不是大央企或大国企的商业票据，谁敢要那笔烫手的保费。然而，后续的发展让作者大吃一惊，确实有保险公司提供了这种违约责任险。再后来的情况作者没有跟踪，姑且祝他们一切顺利，万事平安吧。

在那个时期，类似的故事远不止这么两个。说真的，我的同事们要么以前专攻金融、要么专攻信息技术，大家又经常凑在一起聊，要说对自己原来不熟悉的领域已然精通，那显然不现实，但至少也不算完全外行。而且不管之前研究方向是什么，到这个系以后，作者和同事们也算是花了不少时间来研究信息技术和金融相交叉的领域，自认为多少也有些心得。退一步说，就算没有什么心得，至少也应该知道一个基本的事实：对于信息技术和金融的交叉领域，其基本逻辑应该是信息技术和金融这两个领域的基本逻辑的交集。换言之，这个交叉领域的任何逻辑都应该同时符合信息技术的逻辑和金融的逻辑。比方说，如果现在有个人告诉作者，他有一种新技术，以至于他可以持续地购入年化收益率为6%的资产，但他又可以持续向他的投资人支付年化8%的利息，那作者肯定认为他的想法不可行——因为，不管用什么技术手段，这个事情在金融的逻辑上完全不可行。同样的，如果有个人说自己已经有了500个客户了，而他的技术可以采集每个客户大约1000个属性，然后他基于这些客户的实际信息，已经建立出一种稳健靠谱的客户分析模型，那估计也是扯淡——在数据挖掘的逻辑上不可行。

本章并不打算放马后炮来抨击早期的互联网金融创业者。在市场上浮躁心

---

① 2016年10月29日，我国也有类似的工具——信用风险缓释工具（CRM）。

态略为平复后，作者想用这一章文字来心平气和的地谈一谈几种主要互联网金融的逻辑，这个问题搞清了，我们就知道这些业务的本来面目是什么了，这样，我们才知道这些业务未来是否有前途；如果确有前途，那么我们也就可以分析出前途何在。除了互联网金融的几种业务以外，在本章的最后，作者还会分析一下金融技术行业（Fintech）的逻辑和发展方向。

第一节　P2P网络贷款

在互联网金融的诸多类型中，P2P 网络贷款是最重要的一类业务。根据网贷之家提供的数据，到 2016 年 11 月，P2P 行业每月完成的交易额已经超过2000 亿元，累计交易额已经超过 3 万亿元。虽然从体量上看，P2P 网络贷款跟银行的规模没法相比，但作为一个行业来说，P2P 行业已经让人无法忽视。如果考虑到增长率，这个行业的增速也相当惊人：在 2015 年以前，整个行业的成交量为 4028.17 亿元；2015 年全年成交 9823.04 亿元；而 2016 年全年则突破了两万亿元。然而，这个行业又是一个问题多发行业，截至 2016 年年底，全国 5879 个 P2P 平台中，有 3352 个平台出现停业、体现困难、跑路、经侦介入调查等问题，其中不乏类似 e 租宝等排名靠前的 P2P 大平台被曝光为诈骗公司。在高峰的 2014 年 12 月，一个月新增的平台数就达到 329 个，而到了2016 年 12 月，新增平台只有 8 个，而新增问题平台则有 100 个。那么，P2P行业为什么会出现，为什么会繁荣，又为什么会出现种种乱象呢？

我们不妨先回顾一下 P2P 行业产生的历史。最早的 P2P 公司 ZOPA 出现在英国。出现 ZOPA 的主要原因可能是因为：以汇丰银行、巴克莱银行为代表的五大银行在英国银行业中占据了绝对优势的地位，因为处于垄断地位，对贡献利润较少的普通客户的服务水平就比较低，所以，中低收入群体始终对于高质量的银行服务存在需求。针对这种需求，ZOPA 从一开始就宣称要用技术手段改善既有零售银行的服务水平。因为这样一个愿景的存在，相比于后来出现的很多 P2P 企业，ZOPA 的银行血统要更为纯正：不仅公司七位创始人有六位来自一家名为 egg 的网络银行；而且 ZOPA 从一开始也主动要求英国金融行为监管局（FCA）对自己进行监管，在申请失败后，又主动成立行业协会作来进行行业自律。

美国的商业银行体系与英国比又有不同，在整个经济体中存在 6000 家以上的银行，其中绝大多数银行规模很小，所占的市场份额也很有限。所以，Lending Club 这样的 P2P 公司在规模上要超过大多数的银行。这些 P2P 公司的目标客户群体与银行的零售银行客户群体大体重叠，所以，在某种意义上也可以说，大型 P2P 公司实际上就是一种建立在互联网技术上的银行。同时，美国的大银行也正在与 P2P 公司合作或者自建平台，试图将 P2P 公司的业务并入到自己的业务体系。例如，摩根大通银行与 OnDeck、花旗与 Lending Club 就是合作的典型，而高盛就是自建平台的典型。

在我国 P2P 行业则又是一番景象。早期宜信等 P2P 公司，从 2006 年开始就在尝试中国的 P2P 业务。但直到 2013 年，整个 P2P 行业在余额宝的舆论效应下，才被大众广泛认识并认可。由于我国金融行业的特殊情况，P2P 概念在普及以后，迅速吸引了大量中小投资者的投资热情。由于投资者和 P2P 企业的复杂多样，我国的 P2P 行业最终得以形成了很多不同的体系，在平台数量、资金规模、业务类型等方面都超过了其外国同行。业内人士也很有默契地把自己描述成一种基于技术的创新金融业务模式，是现有银行业或者现有金融业的颠覆者而并不是现有的银行业务或金融业务的网络化。

那么 P2P 本质上到底是什么呢？谢平[1]认为，P2P 业务的本质是一种民间借贷，通过信息技术手段，P2P 的交易过程可以更为快捷，信用交易也可以更便捷地进行，从而使社会资金得到更有效的配置。周鹏[2]也认为，P2P 本质上是一种民间借贷，是一种从事银行业务的非银行机构。因为银行贷款流程复杂，而 P2P 平台可以通过技术手段可以在网络社区平台上把这个过程变简单，所以 P2P 作为草根金融化、普惠金融和"金融民主化"的代表，就有着蓬勃的

[1] 谢平、邹传伟："互联网金融模式研究"，《金融研究》，2012 年第 12 期。
[2] 周鹏："P2P 的本质、发展状况与监管探讨"，《银行家》，2013 年第 10 期。

生命力。陆岷峰等[①]在 2015 年、2016 年也发表多篇文章来探讨 P2P 行业的本质问题。陆教授的结论和周鹏一致,认为 P2P 本质上是民间借贷。但 P2P 同时又是一种"互联网 + 民间借贷"的特殊形式。相对于传统的民间借贷,P2P 具备四个优点:交易信息的公开化、透明化;参与主体的一般化;提高工作效率;解决信贷的长尾部分。因此,P2P 并不是互联网和民间借贷的简单结合,而是一种对资源的重新整合,是民间借贷业务在互联网技术支持下的一种升级。同时,陆教授也提出,在 P2P 业务的帮助下,中小企业融资难的问题亦有可能得到化解。

那么,学术界的这些观点是否为监管部门认可呢?事实上,在 2015 年以前,没有哪个部门真正作为 P2P 行业的监管部门,国家对这个业务实际上也没有什么定义,所以,P2P 这个行业有着一个自由发展的时期。通过这个时期的摸索和总结,P2P 行业出现了四种主要的业态[②]:其一是"居间模式",即 P2P 企业纯粹作为信息中介的商业模式;其二是"居间担保模式",即 P2P 企业不但是信息中介,同时向资金供给方(以下简称"出借人")承诺,一旦资金需求方(以下简称"借款人")无法偿还债务时,有 P2P 企业会通过某种机制代为偿还;其三是"理财产品模式",即 P2P 企业获取多个借款人的借款后,再将这些借款打包,出售给多个出借人;其四是"类证券化模式",即 P2P 企业通过居间撮合,将某个券商资管或券商子公司发行的'专项资管计划'产品出售给出借人,在资管计划完成筹集后,再由该资管计划的发起人对外进行投资。然而,在这四种主要模式当中,最终只有第一个模式被国家所认可。在 2015 年 7 月 18 日,人民银行连同十部委印发的《关于促进互联网金融健康发展的指导意见》(以下简称《指导意见》),其中第八条对 P2P 行业做出了明确的定义:"网络借贷包括个体网络借贷(即 P2P 网络借贷)和网络小额贷款。个体网络借贷是指个体和个体之间通过互联网平台实现的直接借贷"。在 2016 年 8 月 24 日,由银监会等四部委联合印发《网络借贷信息中介机构业

① 陆岷峰、李琴:"互联网金融背景下 P2P 发展目标模式研究",《阜阳师范学院学报(社会科学版)》,2015 年第 3 期。陆岷峰、李琴:"关于我国 P2P 网络接待平台愿景的思考",《海南金融》,2015 年第 6 期。陆岷峰、李琴:"关于中国式 P2P 生态链延续发展战略研究",《宁夏大学学报(人文社会科学版)》,2016 年第 1 期。
② 张斌:"我国 P2P 网络贷款的税务法律研究",《湖北职业技术学院学报》,2016 年第 6 期。

务活动管理暂行办法》（以下简称《暂行办法》）进一步明确指出："网络借贷是指个体和个体之间通过互联网平台实现的直接借贷。个体包含自然人、法人及其他组织。网络借贷信息中介机构是指依法设立，专门从事网络借贷信息中介业务活动的金融信息中介公司。该类机构以互联网为主要渠道，为借款人与出借人实现直接借贷提供信息搜集、信息公布、资信评估、信息交互、借贷撮合等服务"。有的读者朋友可能认为第二种"居间担保模式"和第四种"类资产证券化"模式似乎也符合《暂行办法》对 P2P 网络借贷定义。但事实上并不是。在《暂行办法》的第十条明确规定了 P2P 不能从事的十三种业务，其中该条第三款禁止 P2P 向出借人提供担保，第八款明确禁止不能从事"类证券化业务"，也禁止"债务打包转让"。综上，可以认为，监管部门并不认可学术界"P2P 网贷是一种民间借贷"的观点，在监管部门眼中，P2P 平台所提供的服务就是信息中介服务。所以，平台只是出借人和借款人进行民间借贷的场所，平台本身不能以借款人的身份参与民间借贷；而且除非在"法律法规另有规定的"情况下，平台本身也不能以出借人的身份参与民间借贷。

那么，为什么监管部门对于 P2P 行业如此"苛刻"呢？这我们就得看看这个行业的逻辑。P2P 行业自己描述的逻辑大概是这样的：P2P 行业可以利用先进的技术手段（比如大数据征信技术）在大量借款人中找到信用良好、违约概率小的借款人；同时，P2P 全部手续都是在线上完成，可以节约费用，从而使借贷双方能够获得更大的利益。事实上，这本来也是 P2P 行业最有吸引力的地方。但除了"居间模式"以外，其他三种业务的逻辑并不是这个逻辑。

在"居间担保模式"中，P2P 平台要为出借人提供某种形式的担保，那么 P2P 公司的做法可能有两种：一种是让借款人或出借人为某一笔借款去购买一个担保（比如信用违约责任险）；另一种是 P2P 为出借人直接提供某种担保。对于前一种情况，本质上还是"居间模式"，P2P 平台最多起到一个介绍担保人的作用。但对于另一种情况，P2P 平台实际上就发挥了担保公司的职能。在上一章的内容中我们曾经提及担保公司的问题，事实上，担保公司在本质上和商业银行开展贷款业务的情况相似。而银行能开展贷款业务的基础是银行相对完善的风控体系，或者说，银行有足够的资本金来满足资本充足率的要求。如果P2P平台直接做担保，就需要按照银行的方式来对P2P平台进行监管，这显然不是一般的P2P平台可以做到的。

在"理财产品模式"中，P2P的角色和银行的角色就更一致了，对于出借人吸储，然后对于借款人放贷，P2P居中享受利差。有的读者朋友可能说，如果P2P平台不承诺固定利息，P2P的角色是否和银行就不一样了呢？如果不承诺利息，这种模式就类似银行卖理财金，本质上还是低价吸收资金然后高价贷出。问题是，不论是存贷业务还是理财金业务，为了保护投资人利益，监管机构对于经营这些业务的企业都会有严格的监管条件，因比，银行是用尽"洪荒之力"才获得了开展业务的资格，业务背后自然有严格的风控体系。P2P平台仅仅是打着"颠覆传统银行"旗帜就可以堂而皇之地开展类似业务，那岂不是荒唐？

专栏6-1　　　　　　　　　　　e租宝

在e租宝出事以前，这家P2P公司是业内排名前五的领军企业。在事发当日，平台总成交额已经超过700亿。其实，e租宝的做法非常简单，大致上就是先忽悠一个概念A2P，说我们不是做简单P2P，而是做互联网融资租赁业务，然后虚构了一些融资租赁项目，把投资者的钱吸引过来，但这些钱当然没有投到平台所声称的那些项目当中，而是一部分作为e租宝的利润被大家消费掉，一部分用来偿还上一波借款的本息，一部分作为平台运维费用。说穿了就是个简单的庞氏骗局。说老实话，作者看到相关报道后，完全被震惊了：一帮连行骗规划都不太完善的骗子，居然能凭着对法律毫无敬畏的优势，成功地忽悠到90多万人。

但事实证明，作者的想象力还是太贫乏。e租宝事件发生不久之后，又爆出了"中晋系"的问题，再一次令作者震惊。作者原以为e租宝这个量级的庞氏骗局在社会上也就只能有这么一家，结果"中晋系"用相同的思路，相似的手法完成了相同体量的庞氏骗局。以至于作者都开始期待，下一个庞氏骗局会在哪里？

在"类资产证券化模式"中，P2P平台的角色类似销售公司——P2P平台认为自身拥有丰富的客户资源，能够胜任金融产品的销售工作。虽说产品销售工作确实不像存贷业务那样需要充足的资本金和严格的风控体系。但由于金融产品有其特殊性，金融产品的销售公司都需要具备相关领域的专业知识并获得相应的牌照。如果负责销售的公司缺乏必要的金融知识与从业道德，或者为了完成销售目的而采取了某些违规的手段，那么一旦销售的产品出现问题，就有可能导致相关利益主体的利益受损。

专栏6-2　　招财宝的"代销业务"

招财宝是蚂蚁金服旗下的P2P平台公司（蚂蚁金服的说法是"金融信息服务平台"），且不管招财宝究竟是什么平台，招财宝确实有利用自身网络平台代销其他发行人所发行的金融产品的业务。2014年，"侨兴电信"与"侨兴电讯"通过招财宝发行总计10亿元的侨兴私募债。然后到了2016年的还款日却发生了预期。由于浙商财险为私募债提供了"信用保证保险"，所以就应该由浙商财险来代为兑付。这件事本身并不复杂，虽然中间出现了一些小状况，但最后的结果不错，浙商财险最终还是履行了兑付业务。不过，作者在这里更关注另一件事，对于私募债来说，购买私募债的人数有200人的限制，这意味着平均单笔投资额不能低于500万元，显然不像是P2P平台的投资者普遍的投资额度。而招财宝居然将能够将私募债拆分成若干更小的额度向它的投资者出售，这实际上就是很有问题的。一个企业发行私募债的主要原因恐怕就是无法公开发行公司债，这也就意味着这种债券的风险相对更高，而信息披露的水平更差。将私募人数上限规定在200人，主要就是考虑一旦发生违约，遭受损失的人都应是那些收入较高、投资专业能力较高，风险承受能力较强的投资者。而且，即便这些投资人中有些人不愿承担损失，因为人数较少，应该也不至于形成大范围的系统性风险。招财宝的做法看起来是帮助那些低净值客户也能参与到高风险投资项目当中，但如果发生违约，招财宝的做法就有可能带来更大不利影响的范围的问题。

> 另一个和招财宝有关的案例是东吴人寿的案例。2016年10月，东吴人寿由于其互联网万能险业务的部分客户信息不完整，被保监会处以暂停互联网保险业务、三个月内禁止申报产品的监管措施。据东吴人寿的回应，造成这种状况的原因是为其代销保险产品的招财宝未能提供部分客户联系地址。以一般的保险代理机构的专业技能，这种情况通常也不可能出现。实际上，招财宝捅的这个娄子给东吴人寿带来了不小的影响：保险会的监管措施可能使得相当依赖网销的东吴人寿在2017年第一季度的业务难以保持上年的规模。

综上，作者赞同监管部门的判断——自身实力有限的 P2P 平台就应该致力于做好自己的本来业务，而不要从事超过自己能力范围的业务。作者的这个观点肯定会让很多 P2P 行业的业内人士大为抵触："王侯将相，宁有种乎"，凭什么银行做得，我们却做不得！这就要回到对金融业的认识上来了。站在从业者的立场上看，能赚钱的生意凭什么不让我干？但金融业是单纯让人赚钱的一个行业吗？从来都不是！本书在前面的章节中不止一次地反复提醒：金融业本身是一个关乎整个经济发展的重要行业，分析金融业务当然不能仅仅就业务而业务。当赚钱的目标和维护金融体系稳定、维护经济发展稳定的大目标相冲突时，就必然是一个应该被舍弃的目标。平心而论，作者能够理解产业资本家和商业资本家试图绕开监管而参与高利润金融业务的冲动，而且作者认为确实也有渠道可以实现这个目的，但这必定不是以高科技为幌子、用拙劣的业务模式去忽悠中小投资人。

既然我们确定 P2P 网贷就应该从事纯粹的信息中介业务，那么，接下来的问题就是，信息技术会对 P2P 行业产生怎样的影响呢？这个问题似乎有些莫名其妙：P2P 行业本身存在的前提之一恰恰就是这个行业能够充分利用先进的信息技术，从而获得相对于传统金融机构的信息优势。如果 P2P 行业真的有自己所说的那种本领，那这个问题确实是多余；但如果不是，这个内容或许能够帮助大家了解 P2P 行业的技术应用路线。

首先是信息采集技术。最开始，很多专家从 Kabbage 公司 [①] 的案例中得到灵感，认为 P2P 最重要的信息来源应该来自社交平台、购物网站以及信用卡公司。后来，也有从 FICO 信用分得到灵感的，根据各种所获得的数据以及新开发出来的算法，给借款人评分。以点融网为代表的致力于发展技术的 P2P 平台还很注意从比较独特的视角来考虑问题。比如通过手机定位来确定一个人的朋友圈：如果一个人常常和知名的企业家在同一个位置出现，且距离很近，那么这个人很可能和那个知名企业家是朋友，从而有机会获得更好的商业机会，因此，这个人的信用评估结果就可以被适当调高。且不说这些想法是否可靠，但对于信息采集工作来说，信息肯定是越详细越好。比方说，除了传统意义上的历史信用信息以外，通过物联网等技术来采集借款人健康状况、危险驾驶状况等信息，对于信用评估也可能同样具有非常重要的意义——如果一个人的生命或健康受到损害，那么他偿还负债的可能性也就会大幅度下降。所以，关于信息采集问题，主要就是两个方向：一是丰富信息采集渠道，二是加强行业内外信息的整合 [②]。不过，这里还涉及另一个问题：采集信息的工作如何和个人的隐私权能够完美的融合？这可能是一个包括伦理学理念在内的非常复杂的问题，以作者的专业能力尚不能做出有价值的分析。

专栏6-3	借贷宝的"裸条"

关于借贷宝这家 P2P 平台的背景，以及上文提到的离奇故事，感兴趣的读者朋友可以在网上找到相关信息，作者不再赘述。在这里，主要是想谈一谈这个平台上出现的"裸条"事件。大体上说，就是借贷宝可能是为了风控的需要，要求某些在平台上借款的女孩自拍裸照和裸体视频。如果这些女孩违约，借贷宝平台就会以此为要挟：将这些照片和视频发给女孩的父母、亲戚和朋友。甚至把某些人的照片和视频通过互联网进

---

① 关于 Kabbage 公司的情况，可以访问他们的网站：https://www.kabbage.com/
② 在这一点上，P2P 行业与银行其实没有多大差别。

行贩卖。这个事件本身并不复杂，但细细体会起来，竟然很有不少旧社会的味道。从冰冷的借贷关系上看，借贷宝的这种做法显然获得了更丰富的"信息"，在避免信用违约的工作上或许还很有效果，但是，我们也必须问问自己：在我们这个国家里，商业利益这只脚可以随便迈过道德的边界吗？

其次是算法研究。在 P2P 行业里，大数据征信的概念已经耳熟能详，已然是 P2P 行业可以存在的核心技术。但从目前的情况看，对于几乎所有 P2P 平台来说，其可获得的数据都还称不上是"大数据"，所以，现在的算法实际上还是数据挖掘技术提供的算法。然而，以作者对 P2P 行业的了解，即使是这样一个相对成熟的技术，很多 P2P 平台也没能将其在自己的征信工作上应用得多好。如果在未来，随着信息采集技术的进步，以及业内平台与其他金融机构之间的发生更密切的数据交流，使得大数据征信的数据基础条件已然具备，那么，未来又有多少 P2P 平台有能力研发更为先进的"大数据征信"算法呢？如果没有研究算法的本领，却不断声称自己是基于大数据征信技术而建立的高科技的、颠覆性的新型金融机构，这不就是在自欺欺人吗？

再次是信息搜索和智能推荐技术。由于 P2P 被定义为网络信息中介，P2P 企业便不可能将大量借款人的债务打包成一个投资标的。这就意味着出借人需要同时考察相当数量的借款人信息。如果借款标的数量能够在一个人时间精力允许查阅的范围内（比如一共就 10 个借款标的），那么，对于出借人来说，倒是可以根据自己的偏好，挑选其中一个或几个好的标的出来。但是，如果借款标的数量超过一个人时间精力允许的范围（比如 10 万个标的），那么，作为信息撮合平台就需要让出借人能够按照自己的意愿进行搜索，且在一定次数后，平台应该根据出借人的投资偏好来向出借人推荐其偏好的借款标的。这两个功能与客户体验密切相关，在电商行业也有较为广泛的应用。虽然在 P2P 借贷市场上，出借人的偏好可能非常一致：都倾向于那些高收益、低风险的借款人。但由于地域、职业等方面的差异，借款人应该具有更多元化的投资偏好。因此，若希望能够更好地促进借贷交易，就应该多多发掘借款人这种多元化的特点，并向特定出借人进行定向投送。这些功能并不是数据库系统能够直接提供的功能，还需要进一步研发。

此外，还要注意对适用于 P2P 行业技术需要的硬件技术研究。以作者的了解，无论是学术研究还是 P2P 行业内部都没有提出过任何硬件需求。但事实上，至少有三方面的硬件技术值得注意：其一，以智能硬件和射频技术为基础的移动物联网系统，此类技术在大数据征信、贷后管理等方面有重要的应用。其二，以 5G 为代表的更高效移动通讯技术，此类技术是链接不同设备以及终端的重要通道，是物联网技术的重要组成部分，也是云计算技术的重要组成部分。其三，高性能处理器、超级计算机以及云计算技术，这些技术有助于大数据征信的实现，也有助于以机器学习为核心的人工智能的普及应用。随着这三个方面技术水平的提高，有可能出现某些我们现在还没想到的具体应用。特别是银行的技术应用，和 P2P 有相通的地方，更值得注意学习与借鉴。

专栏6-4 | **金鼎海汇**

北京金鼎海汇科技有限公司[①]是一家金融软件服务公司。该公司能为P2P平台制作网贷系统。在硬件方面，金鼎海汇可以提供服务器托管服务。在开发语言、数据库、部署环境、操作平台上也都可以给客户较充分的选择。最终可以实现P2P平台对于前后台管理以及数据安全的几乎所有需要。如果客户提出需求，金鼎海汇还可以帮助P2P平台实现发红包、砸金蛋之类的有趣功能。如果一家P2P平台使用金鼎海汇的服务，基本上可以就马上开展业务。而且从过往案例上看，金鼎海汇公司实际上也帮助数十家P2P平台实现了后台功能。但是，金鼎海汇能够提供的服务当中当然不包括联合开发征信算法之类的服务，而作者好奇的是，如果使用金鼎海汇服务的P2P公司自己开发了一套算法，那么它似乎应该从底层进行开发，而不是直接使用别人已经做好的系统。那么，这是否意味着那些P2P

---

① 有兴趣的读者朋友可以访问该公司的网站来了解更详细内容。

公司实际上根本并没有考虑过有关算法问题?

　　类似的,山东团尚网络科技有限公司、武汉的千瑞文化信息有限公司等企业都提供帮助构建P2P网贷系统的服务。诚然,现代服务业存在的价值之一就是帮助企业做好服务外包,让企业能够专注于核心业务。然而,对于P2P平台来说,其核心业务中难道没有技术研发吗?一个没有技术能力的P2P平台,又能靠什么在行业竞争中立足呢?

　　作者所在系里有一位在赛门铁克公司工作的工程管理硕士研究生,他从武汉的建行数据中心回来以后问了作者一个很有趣的问题:"一个只有几台服务器的P2P公司为什么认为自己会颠覆拥有巨大数据中心和人才储备的银行?"作者当然是不知道为什么——这个问题应该由P2P行业的业内人士自己来回答。

第二节　众筹

　　众筹也是一种很简单的商业模式,用途广泛,大体上就是一群人集资做些事情。如果是一起做慈善,就算是慈善募捐;如果一起去打折买东西,就像是团购[①],等等。这些都没什么,也不牵扯什么投资的问题。但也有可能是周边朋友做生意,大家都拿出些钱,用入股的形式或是借钱的形式来支持一下,据说这也算是众筹。不过,按照我国的法律法规,这种事情也都是允许的——被政策法规所禁止的是那些没有经过必要手续和审批而向不定向人群发起的公开募集。

　　那么,今天被很多人视为一种互联网金融业务形式的众筹是什么呢?据说,这是由Kickstarter这个网站引发的一种众筹形式:融资者将自己的一个点子放到网站上,然后设定几个标的,比如捐赠5美元就可以得到一本漫画;捐

---

　　① 专注于众筹的人一定不同意这种说法,他们可能认为众筹是用于购买未完成的产品,而团购实际上是一种促销。按照通常的分法,众筹可以分为:回报型众筹、股权型众筹、债务型众筹和募捐型众筹四种类型。

赠 100 美元就可以得到 25 本漫画，等等。然后设定一个募资成立的下限，比如 1500 美元。投资者可以选择捐赠的额度，然后通过网站将钱汇入融资者的账户。如果投资者的总投资额小于下限，就算募集不成立，所有资金将返还给融资者；如果大于下限则募集成功，融资者就可以根据捐献的额度获得相应的回报。这个模式其实是个非常好的点子：融资者一方面可以为自己的产品募集资金，来支持产品的生产；另一方面，融资者也可以在没有多大金钱损失的情况下去做一次市场调查，如果没有足够的潜在客户，那么融资者也可以避免生产后找不到市场的尴尬。这种模式不只有 Kickstarter 才有，京东上也有类似的众筹项目，有不少项目都非常令人期待。不过作者认为，这和团购买东西并没有什么明显的区别——融资者如果众筹成功却在规定时间内没有发货，这种违约和那些拒不发货的卖家属于同类性质。在电商已经成熟的情况下，这种问题总是好解决的。

严格说来，以众筹名义来融资的做法并不是 Kickstarter 的做法①，而是股权型众筹或者债务型众筹的做法。我们先看看债务型众筹，融资者发放"债券"，通过互联网出售给社会公众。这看起来有些眼熟——这分明就是上市公司发行公司债的样子。那问题是，公司债是否可以在没有监管部门审批的条件下发行呢？从法律法规上说是不行的。那么从逻辑上说可行吗？这是个见仁见智的问题，但以作者看来，如果投资者都有风险自担的心态，那么，这种没有监管的公开发行，能导致的最坏结果无非也就是类似网络诈骗。但如果最坏的情况发生，投资者有权去要求监管者为自己说理吗？显然是不能的，投资者只能诉诸法律程序，向公安局的经侦报案。这就会形成一个有些尴尬的局面：为保护投资者而设立的监管部门因为无法进行监管而无法保护投资者。那么，是不是把这个业务纳入监管就可以了呢？这也是一个见仁见智的问题。但对于债权来说，情况相对比较简单。出借人绝对不会因为借款人的业务失败而放弃对借款人的债务索取权。所以，监管部门除了要求信息披露之外，必然也会给发行者设定一些基本发行条件，以保证

---

① Kickstarter 甚至坚持不从事任何股权众筹的业务。

其具有某种程度的偿债能力。这显然和债务型众筹的思路不一致。其实，对于投资者来说也是一样：融资者把创业企业吹得天花乱坠，把企业的价值完全建立在对未来的预期上，那么，投资者如果作为债权人，在企业成功后只能获得有限的本息收入[①]，无法分享股权增值价值，但在企业失败后却要承受本金损失，风险收益并不匹配。所以，如果投资者足够理性的话，投资股权显然比投资债权更为合适。

那么，股权型众筹是否是一个好主意呢？作者认为，这恐怕也不好。理由和债务型众筹类似：如果在没有互联网的时代，尚且需要对证券业进行监管，以避免不法分子欺骗投资者；那么，在互联网时代，不法分子完全可以用更高效且成本更低的渠道去欺骗投资者。那么，此时难道不是应该更严格地进行监管吗？在以创业者为主要投资对象的私募股权投资基金行业里，专业投资者投资成功的概率都相当低；那么，通过股权众筹系统，让没有受过专业投资训练的投资者在很大的范围里去选择投资对象，成功率显然更不能指望。如果将这个范围扩展到全社会，当股权型众筹以一种被监管部门明确认可的金融产品的面貌出现在每一个指望发财致富的非专业投资者面前时，会发生什么呢？须知多数人赚钱不易，积累财富也不多，投砸几次项目，对个人以后的生活和养老恐怕都难免会受到影响。从另一个角度看，如果这些钱不投入股权众筹而进行储蓄或购买传统的金融资产，那么，这些钱通过金融机构的管理和运作同样会投向企业——那些有一定规模、经营业绩较好的企业。有些众筹的拥趸认为，众筹可以帮助早期的创业者，而传统的金融机构不会，所以发展股权型众筹就是鼓励创业。但问题是，对于早期创业者来说，他们所需要的就是充足的资金吗？显然不是，还需了解市场需求、建立供货体系、完善管理机制等等。在现有的金融市场中，天使基金和创投基金虽然不可能满足所有创业企业的资金需求，也可能埋没了很多潜力优秀的创业企业，但这个过程中总归是有专业投资者在挑选，浪费资源的可能性应该还是会小一些。而且，每一个时期，真的好项目也就那么多，钱多的结果通常只是形成泡沫而不是创造出

---

① 在我国，有民间借贷利率"最高不得超过银行同类贷款利率的4倍"的规定，超过部分不予以法律保护。

更多的好项目。

关于股权众筹的监管问题，中美两国的实践有所不同。2012 年 10 月，美国通过了乔布斯（JOBS）①法案的第一部分，放宽对年收入不足 10 亿美元的新兴成长企业（EGC）的信息披露管制。2013 年 9 月，法案第二部分正式生效，主要内容是解除了非公开发行不得进行公众宣传的禁令，即允许非上市企业在募集股权时，可以像公开发行那样进行宣传活动。2015 年 6 月，JOBS 法案第四部分正式生效，主要内容是对证券发行活动进行了分级，并放宽了投资者限制和募资公司的信息披露要求。2015 年 10 月通过第三部分，也就是《2012 年在线集资及防止欺诈和不道德隐藏法案》或《众筹法案》，规定了众筹投资人、发行人和中介机构的定位，以及该法案和各州和联邦相关法案的关系。以这个法案获批为标志，股权众筹已经成为美国资本市场上一种被认可了的、新的资金募集方式。

在我国，2014 年 12 月，证监会公布《私募股权众筹融资管理办法（试行）（征求意见稿）》，其中，私募股权众筹被定义为"融资是指融资者通过股权众筹融资互联网平台（以下简称股权众筹平台）以非公开发行方式进行的股权融资活动"。2015 年 10 月的《指导意见》中，把股权众筹融资定义为"主要是指通过互联网形式进行公开小额股权融资的活动"。且规定"股权众筹融资必须通过股权众筹融资中介机构平台（互联网网站或其他类似的电子媒介）进行"。但直到 2016 年年底，证监会也没有发布管理办法，更没有说明股权众筹到底算是私募还是公募②。有人认为我国监管部门思想过于保守，关于众筹的认定和监管问题应该全面向美国学习。但基于这一节的讨论内容，作者倒是更支持保守一些的做法。

---

① JOBS ACT 是 Jumpstart Our Business Startups Act 的缩写，大概可以翻译为《工商初创企业推动法》，而不是为了纪念苹果创始人乔布斯（Jobs）。

② 公募和私募的差异非常大，允许通过互联网来进行私募（相当于是解除了"禁止非公开募集向不特定的投资者进行公众宣传"的限制）已经是一个突破；如果进一步允许募集人数超过 200 人的限额，那就是明显取消了公募和私募的限制。在美国的《乔布斯法》中，众筹实际上已经是一种公募的筹资形式。

第三节　比特币与区块链

在前文中提到过，信用货币时代，货币与非货币的核心差别就是其背后是否有政府信用。显然，比特币没有国家信用支持，所以当然就不是一种货币。我国在 2013 年《关于防范比特币风险的通知》中已经明确表示："比特币是一种特定的虚拟商品，不具有与货币等同的法律地位，不能且不应作为货币在市场上流通使用。但是，比特币交易作为一种互联网上的商品买卖行为，普通民众在自担风险的前提下拥有参与的自由"。有些人可能误以为美国或者德国这样的国家已经承认了比特币的货币地位，其实也不是。美国的情况大概是有一位叫特兰顿·谢沃斯的骗子成立了"比特币存储与信托基金"，然后吸收了 70 万个比特币。随后，骗子以比特币在美国法律里什么都不是为由，关闭了基金，让给他比特币的人承受了损失。于是，美国在 2013 年 8 月，由最高法院裁定，比特币是一种金融工具，并把比特币的交易纳入金融工具交易的监管体系。换句话说，经过认可，比特币变成了一种类似现货原油、现货黄金一样的金融工具，而不是变成了和美元一样的货币。在德国的情况也类似，比特币的角色也被定位在是金融工具上而不是合法货币上[①]。如果读者知道二元期权[②]之类的金融工具也可以在美国金融市场上合法地进行交易，大家就应该了解，比特币在央行的眼里看来，无非就是个可以做赌博筹码的小玩意儿。

在本书中，对于比特币在金融方面的研究基本上就可以到此为止了。事实上，在作者和同事们交流时，比特币还能被提起来的唯一原因就是：中本聪用比特币这个具体案例，创造性地向我们展示了区块链的应用方法和惊人

---

① 在 2013 年 12 月 21 日出版的 "WirtschaftsWoche"（经济周刊）上，时任德国央行总裁的 Jens Weidmann 明确表示 "Bitcoins sind doch keine Alternative zu unserem Geld"（比特币根本不是针对我们目前货币的另一选项）。

② 二元期权属于一种特殊的欧式期权。比方说，一个基于看涨期权的二元期权，可以先设定一个执行价格，然后约定，如果到期时，标的资产的价格大于执行价格，则期权的持有者可以获得一个固定金额的回报；反之，则期权不必执行。在很多场合下，这种期权的期权费可以在到期日那天再支付，于是，这种期权看起来就是以股价做了一个赌博：如果股价大于预定值，就可以挣多少钱；反之就输掉多少钱。

魅力。

尽管在很多地方都可以找到比特币的区块链的技术细节，但作者还是要用比特币展示一下区块链的应用与实现方式。比特币主要应用了两个很简单的技术：哈希算法和公开密钥密码体制。

比特币中使用的是美国航空航天局发布的 SHA256 算法，这是一种能够把任意长度的二进制值不可逆地映射为一个 256 位长度的二进制值的一种算法。虽然每一个数位上的取值只有 0 和 1，但 256 位长度的二进制值实际上可以代表 2256 个数——这可是个天文数字。由于算法自身的特点，这个算法还能保证，当输入的文本发生轻微的错误时（比如一封信中错了一个字），输出的 265 的哈希值和没有错误时输出的哈希值就会有很大差异；同时，两个不一致的文本对应一个哈希值的可能性也几乎不存在 [①]。也就是说，用算法不但可以校验文本在传输中是否出现了差错（因为文本不同，哈希值就不相同），这样，我们就可以用 SHA256 算法将我们的文本进行生成一个"唯一"与其对应的哈希值。

比特币使用的另一个技术是公开密钥密码体制。在比特币中，我们可以利用椭圆曲线数字签名算法（ECDSA）得到一个用于加密的参数，我们把这个参数叫做"私钥"，利用私钥可以计算出"公钥"（但由于算法的特性，从公钥无法反推私钥）。我们保存私钥，而公钥则可以在必要时告诉别人。

这样，利用 SHA256 哈希算法和公开密钥密码体制就可以处理比特币的交易 [②]。大体说来，双方交易可以采取这样的方式：首先，付款方给收款方一个收款方公钥作为账号；然后，付款方填一个确认付款的交易单给收款方，交易单的内容里包括付款方获得比特币时所使用的交易单"单号"（也就是当时交

---

① 这里的不存在指的是在计算上不可行，比如说理论上要计算 3000 年的问题，虽然也不是说不能解决，但提问的人一般肯定活不了那么久，所以问题实际上还是解决不了。

② 目前，为了方便交易（毕竟比特币的密钥是 1～0xFFFF FFFF FFFF FFFF FFFF FFFF FFFF FFFE BAAE DCE6 AF48 A03B BFD2 5E8C D036 4141 之间的巨大随机整数），比特币交易中通常使用压缩的公钥：即省略右侧的 32 个字节（因为通过左侧 32 个字节可以计算出右侧 32 个字节）。目前，在比特币交易中，公钥默认是压缩格式，但非压缩公钥也同时存在。比特币地址相当于是对公钥的进一步简化，即通过 Base58 编码将公钥和验证码转化成一个 25 个字节的地址。

易时的哈希值）、收款方公钥、转账的金额和其他一些说明；再然后，付款方会根据之前单号和收款方的公钥重新生成一个哈希值，从而形成一个数字签名，然后将这个数字签名和交易单一起提供给收款方。收款方得到这个交易单以后，可以通过交易单获得的单号信息，并在区块链里找到付款方的公钥（比特币地址）；然后，收款方可以利用付款方的公钥和付款方提供的数字签名以及单号信息重新计算数字签名中哈希值(g1)[①]的部分，如果与数字签名里的部分相同，那就可以确认付款方确实拥有比特币的支付权。换言之，这个过程中，收款方可以简单地验证两件事：其一，付款方提供的比特币是否真实存在；其二，如

[①] 在这里，作者简单介绍一下椭圆曲线算法的基本原理。

椭圆曲线算法是比 RSA 算法更快，同时有能够实现和 RSA 算法类似功能的一种算法。其基本原理是通过椭圆曲线生成两个数，以作为私钥和公钥。美国证交会规定，在比特币获取私钥时，椭圆曲线的参数使用 Secp256k1 中规定的参数。在这里，作者给读者们展示一个更简单的例子，来说明其中的基本原理：

设平面上两点 P（x1,y1），Q（x2,y2），

定义加法为：P+Q=R（x3,y3），满足 x3=k^2-2x1，y3=k（x1-x3）-y1，k=（3*x1）/（2y1）。

定义乘法为：k*P=P+P+P+......+P

定义：a=k，b=P，c=k*P

在这里，知道 a 和 b 来计算 c，并不是很复杂的运算，但如果知道 a 和 c，去计算 b 的时候，却在计算上不可行。这也就意味着，a、b 就可以构成一个私钥，而 a、c 就是这个私钥的公钥。

假设在交易中，交易单中的信息为 m，签名由 g1 和 g2 两个字段构成。

那么，在利用私钥进行数据加密时，可以令：

x=r*a，其中 r 为随机变量

g1=SHA（m, x），SHA（•）是所使用的哈希函数，比特币的是 SHA256 算法

g2=r-g1*b

在付款方向收款方进行支付时，收款方会获得交易单中的信息 m，签名 g1 和 g2，然后收款方可以在区块链中找到付款方上次收款时使用的公钥 a、c。这个交易会在系统中公告，对于任何想核实这个交易真伪的人（也就是那些想成为记录者的人），都可以在了解上述信息的情况下，用付款方的公钥（这是可以查到的公开信息），按照如下的逻辑进行验证：

g2*a+g1*c

=（r-g1*b）*a+g1*c

=r*a-g1*b*a+g1*c

=r*a-g1*c+g1*c

=r*a

=x

这样，根据算出的 x 和交易单中的信息 m，验证者就可以重新计算 SHA（m, x），如果结果恰为 g1，那么就说明这个交易中，付款人确实是私钥的持有人，也就是说，付款人有权使用这笔比特币。

果存在，付款人是否有权利支付这笔比特币。

而且，这个交易机制可以无限地向前追溯——因为所有的交易都被记录在"区块链"上。那什么是"区块链"呢？我们可以这么看，当一个人准备开始使用比特币时，他就必须要下载一个软件用来参与比特币的交易或者挖矿。此时，他就会获得已有的区块链上所有的信息。然后每隔十分钟左右，就会产生一个新的区块加到已有的区块上，这些区块一点一点链接起来之后，就形成了一个不断延长的"链条"，这就是所谓的区块链。那么，谁有权利来记录每一个区块的信息呢？每个人都有权利。不过，接下来的问题是，每个人都有权利记录，是否意味着有些人可以稍微修改一些信息，以便对自己有利呢？比如，我们是不是可以偷偷地在自己的账户里加上 10 个比特币呢？在比特币的游戏规则下，这是做不到的，每一个新区块要按照这样的方式生成：首先，要搜集三个方面的信息：①上一个区块的信息计算出的哈希值；②新发生的交易信息（比特币的每一次交易都需要对全体比特币持有人进行广播，所以是可以被记录的）；③一个随机数。用三方面的信息计算出一个新哈希值，通过不断调整随机数，就可以生成很多新哈希值，如果这些新哈希值中有某个小于一个固定的数值，就可以向全网广播自己成功的发现了一个区块，而这个区块要经过其他人核实无误后，才会被接受为新的区块，加到之前的区块上。如果有人作弊，那么他算出来的哈希值肯定和其他人算出来的不一样，也就不可能通过大家的审查。

至于比特币的其他很多制度安排，比如给挖矿者的奖励等等，作者就不再描述了。当下关于区块链的教材比比皆是，读者朋友们有兴趣的话，买来阅读，就会有收获。作者之所以在技术上说了这么多，核心主题是希望读者朋友了解区块链是什么，又大概可以做什么用——大概从 2015 年开始，区块链技术逐步成为了一种和"大数据技术"相似的神奇技术，如果在交谈中不谈一谈区块链在自己行业中的应用，就仿佛落伍了时代一般。好在相对于大数据技术那种既不能证实也不能证伪的"玄学"，区块链技术的脉络是清晰可见的。至少在金融业里，结合我们之前曾经讨论过的分析逻辑，这个技术到底能做什么、不能做什么，咱们倒是可以判断一二。

　　首先，基于区块链技术做比特币的替代品（包括比特币），并试图冒充货币的行为，基本上不会有前途。任何一个国家都不可能让一群搞信息技术的人通过"分布式的"、"去中心化的"方式来侵害一个国家的货币主权。不过，我国也尝试由人民银行发行数字货币，这个姑且不做褒贬，但作者感觉上是央行有些自降身份了。类似比特币的所有数字货币，最明显的一个特点就是数字货币没有国家信用在背后做支持，所以他们必须要设计一套区块链的机制来保证交易双方无需信任也可交易，即便如此，这种机制对一般人也没什么吸引力，以至于在比特币的案例里，不得不通过挖矿白送的方式来吸引更多人愿意参与并持有比特币。那么，央行发钞背后既然有国家信用支持，为什么还要使用数字货币呢？难道现有的电子货币不足以完成任务吗？同时，区块链技术还有可能完全隐匿客户信息的功能，从而降低央行的监察力度，这对央行来说恐怕也没什么好处。有人可能认为，区块链可以通过分布式记账的方式，保证区块链上的信息很难丢失。但这个想法其实也靠不住，以银行为例，每年的交易记录都是车载斗量，一般的用户，能有多大的空间可以用来储藏全部信息？所以如果只是为了解决分布式记账的问题，那么，与其效仿比特币的机制，还不如央行牵头，由各大行相互之间相互进行分布式记账，或许还可能更靠谱一些。

　　其次，利用区块链的特点，在支付和结算领域可能很有价值。区块链技术的一个典型特点就是不断地生成区块，对一段时间内发生的交易进行确认。而每一次确认，都相当于是一次结算。以比特币为例，这个系统大约 10 分钟结算一次，期间可以记录不超过 4096 次交易 [①]。以结算而言，比特币的用途受制于自身特性，前途有限，但仿效这个思路，就可以做出更符合交易需要的区块链。比如一家名为以太坊的公司，它所提供的区块链平均每 17 秒就可以产生一个新区块，且在每一个区块里，都不限制交易次数，这显然能够符合绝大多数支付和结算的需求。

---

① 申万宏源：《区块链技术：颠覆式创新》，2016 年 3 月 22 日。

专栏6-4   Ripple

　　Ripple是全球第一家开放的支付网络。Ripple发行一种叫做Ripple币的数字货币，然后将Ripple币作为交易的媒介，就可以实现货币的支付与结算。例如，当用一笔人民币来支付美元付款时，可以按照规定好的汇率，将人民币兑换为Ripple币，然后再在付款的时候，用Ripple币来完成支付，收款人再把Ripple币兑换成美元。由于区块链的核心本来就是一种数字签名以及分布式账簿，本质用途就是传递信息，至于这些信息到底是什么，其实完全无所谓。所以，Ripple的巧妙应用，实际上只是重现了区块链技术的本来面目。

　　再次，区块链在金融企业内部的风控、合规工作上可能大有帮助。在区块链中，所有人都可以对区块链里的信息进行验证，如果信息传递过程中产生错误，就必然会被其他观察者发现（即使错了一个字，生成的哈希值就完全不一样）；同时，区块链技术又能保证整个链条可以回溯到每一个工作环节。这意味着，如果能够借鉴区块链技术，风控、合规等流程性的工作就会大大减少犯错的概率；且如果犯错，也容易追查问题源头。

　　此外，如果和智能合同的概念结合在一起，区块链技术还有可能成为一种支持供应链金融的基础技术工具。用区块链技术，可以将供应链上各家企业的协议连缀在一起，私自修改合同内容之类的行为[①]就会被杜绝；如果哪个环节出了状况，也很容易被查找到。这些功能都可以帮助银行更好地掌握供应链上的业务信息。

---

　　① 即使供应链上相邻两家签订的协议，只经过两家同意，也不可能进行修改，否则会被供应链上其他企业发现。

专栏6-5	比特币和深网

比特币或者说区块链技术还有很多良好的特性可以挖掘。比方说，比特币的隐私性特别好：一个人在比特币的世界里被抽象成一个与个人身份无关，也不包含任何个人信息的比特币地址（也就是公钥）；任何人虽然都可以通过区块链来检查每一笔交易的来龙去脉，但智能调查交易的真实性，却不能得到更多关于交易的细节。利用这个特点，比特币在深网（Deep Web）里已经成为一种通用货币，消费者可以使用比特币在丝绸之路（Silk Road）之类的网站上购买毒品、枪支或者其他违禁品。同样，比特币的这种应用还可以用来洗钱。

和互联网、3D 打印这些技术一样，区块链技术本身并没有什么特别的指向性。我们所要做的，无非就是利用其特点在金融业相应的难题上予以巧妙的利用。

第四节 金融技术（FinTech）

金融技术这个概念大概在 2013 年开始出现并逐步变得流行，而这个时期恰好也是互联网金融流行的时期。以作者所在的北京大学软件与微电子学院金融信息与管理技术系来说，在没有和管理系合并以前，我们系的名字就是金融信息工程系，下设金融信息服务与金融信息技术两个方向：前者侧重于研究金融信息的应用方向，相当于是探索金融行业对信息技术的需求；而后者则侧重于研究如何通过技术手段来实现那些来自金融机构的需求。因为有这样一个研究背景，所以作者一直认为金融和信息技术就是一个问题的两面：金融业提出需求，技术加以实现；技术发生进步，促进金融业产生变革。事实上，作者曾经在至少两年左右的时间里，一直以为互联网金融和金融技术是一回事，甚至在使用英文的时候，会直接用 FinTech 这个词来表示互联网金融的意思。直到 2015 年，作者才彻底意识到这其实是两回事。可能金融技术这个概念更接近于早期学者们所使用的"金融互联网"概念。

互联网金融的目的是建立一些新型的金融企业,来独立地完成某些金融业务;而金融技术则更强调用新技术促进金融业务的发展,而并不强调一定要独立开展业务。换言之,互联网金融的基础动力是:大量希望能够进入金融行业的非金融资本,以新技术作为旗帜,绕过监管机构,变相从事金融业务的需求。而金融技术的基础动力是:掌握信息技术的工程师和有实际业务需要的金融从业人员,相互合作,通过技术手段来解决问题、创造新商业价值的需求。所以,互联网金融中说话算数的是资本;而在金融技术中说话算数的应该是技术。现在,国内有些互联网金融公司开始有包装成金融技术企业的倾向,但只要了解二者目标和行为上的差异,两者之间并不难以区分。

另外,通常我国从业者会把 FinTech 翻译成金融科技,作者却更愿意翻译成金融技术。这是考虑到,以目前 FinTech 的发展方向,主要是发展金融业所需要的技术,在基础信息科学研发方面却没有明显的建树,所以用科技来概括他们的业务,似乎并不妥当。

那么,金融技术主要的方向是什么呢?这问题其实我们在以前已经研究过。不过,为求稳妥,作者还查阅了维基百科的"FinTech"词条。结果发现它们对这个问题的见解比作者还要浅薄,大致认为主要方向有五个:①给银行业和保险业发掘潜在客户;②在诸如信息搜集、支付、投资、融资、顾问以及混合业务等方面的业务流程提供技术支持;③帮助金融机构对自己的客户进行分析,以形成更好的服务;④增强 B2B、B2C 或 C2C 业务的交流互动;⑤增加或改变金融机构的服务内容。这显然远不如作者在第五章中所提及的方向来的系统。这说明,美国人对于金融技术行业的理解也未必比我们先进,所以我们姑且了解一下就好。

提起信息技术应用,美国硅谷的创新能力要相对好一些,金融技术这个概念也最早流行与硅谷。但相对于美国市场的发展,作者更看好这个行业在我国的发展。造成作者这种认识的核心理由是:其一,中美两国对于金融业的理解有所不同,在我国,最大的银行、保险公司以及大多数券商都有大比例的国有成分,所以,最终只要能下定决心,整个金融业就会按照国家意志而采取一致性的行动。其二，从现在金融技术发展情形看，其技术应用需要高性能的基础设施、以及信息科学方面的进步，这都不可能是金融业一个行业所能完成的，需要的是国家整体国力的进步，以及国家对基础设施与基础研究持续投入①。其三，我国拥有一个庞大的市场，而金融服务体系却相对薄弱，相形之下，我国的金融机构为了改善现有偏弱的服务体系，往往更有动力接受和发展新技术。

| 专栏6-6 | 美国消费者金融保护局 |

在美国，金融技术行业的主要官方支持者是美国消费者金融保护局（Consumer Financial Protection Bureau，以下简称"金融保护局"）。从2012年开始，金融保护局启动了一个名为"催化剂"的项目，在项目中，金融保护局与市场中的金融科技创新企业展开合作，并为"消费者友好型创新"提供项目以及良好的政策环境。2016年10月，金融保护局发布了第一个《催化剂项目创新报告》来强调金融技术公司在多个领域创新的重要性，以求将催化剂项目进行推广。

金融保护局是根据奥巴马总统签署的《多德·弗兰克法案》（即《华尔街改革和消费者保护法案》）而成立的一个机构。从成立之初，就一直被共和党和金融业贸易团体所反对。共和党一直试图取消或削弱金融保护局的权利。2016年10月，美国哥伦比亚特区巡回上诉法院针对一项认为金融保护局的权力结构过于集中的指控做出裁决，认定金融保护局的结构违宪，并声称过多权力集中在局长一人身上，违反了宪法的分权原则。

特朗普当选总统后曾表示，他将在上任后找机会废除《多德·弗兰克法案》，以降低对金融行业的监管。如果《多德·弗兰克法案》被废除，金融保护局也就名存实亡了。虽然其他监管部门对金融技术行业也大体支持，但金融保护局的支持力度最大，影响力也最大。如果金融保护局因为某些原因而自身难保，其发起的催化剂项目最终就会取消，金融技术行业的市场环境可能要再晚一些年才能获得改善。

---

① 美国政府在对整体经济发展方向的把控能力方面，要远不如中国政府。

那么，如果有的读者朋友想更多关注金融技术行业的发展，他又应该如何做呢？作者曾和天津市滨海新区中心商务区讨论过一个"金融信息产业总部基地"的构想，其要点是将需求方、企业、专业投资者和学校的各方面资源整合起来，形成价值增长的闭环。虽然后来因为某些原因未能落地，但思路上或许对各位读者朋友有所启发。

第一，将金融机构的信息部门在物理空间或网络空间上加以聚集。而且最好是物理上的集中——例如，北京聚集了大量金融机构，这些金融机构的信息化部门并不在业务一线，所以可以考虑迁到北京周边（比如滨海新区中心商务区）的某个地方。

第二，集中后的信息部门与技术公司密切沟通，寻找金融信息应用中所遇到的困难和问题，找到问题方向与技术难点。

第三，由熟悉商业运营的基金管理人与金融技术专家构成基金管理团队，成立以区域内企业为目标的产业孵化基金，这笔基金主要投资于那些已经有明确需求的技术企业。

第四，被投资技术企业将获得的资金与学校合作，来进行技术研发，以期形成金融机构可用的技术服务产品。

第五，金融机构采购技术产品，改善业务水平；科技企业获得利润；投资者获得资本升值；学校获得研发经费；政府解决招商、就业、增长、税收等问题。所有参与方都能实现各自的价值。

虽然这个模式和硅谷或者说国内很多产业园、产业孵化器的思路相同，但由于发展方向是立足于金融信息化产业[①]，属于上升期的产业，成功的把握其实要更大。

在结束本章的内容之前，作者还想说一说我对互联网金融和金融技术这两个行业的一些看法。

---

① 金融业有两个基本特点：其一，金融业信息化水平高，所经营的对象，本质上是信息而非具体的产品与服务，所以，后台部门与前台部门确实可以分离；其二，金融企业通常资金充足，所以通常也是信用良好的大客户。

金融行业经过几百年的发展，每一种业务都有其背后存在的理由。信息科技的掌握者在新的时代固然拥有显著的优势，但对于金融业背后的逻辑以及复杂的人与人之间的关系，却不能不心存敬畏。互联网金融也好，金融技术也好，最终都必须遵循金融业的逻辑，切不可草率的认为，单凭信息技术就可以包打天下，就可以轻易颠覆传统金融业。

同时，对于非金融业的技术服务商来说，无论最后选择做互联网金融，还是做金融技术，都应该清晰的明白，真正能改变金融业面貌的东西首先是技术而不是商业模式。创业者扎堆在一起，靠拍脑袋想起来的所谓创新商业模式，往往不过是一些逻辑上或实践上走不通的模式。所以，一定不能本末倒置，忽略技术进步的价值。

此外，虽然信息技术行业和金融行业都不时出现一夜暴富的神话，但做金融信息化的研究和实践，都必需要脚踏实地。作者见过不少创业者，其中有很多人要不断地通过复述类似"羊毛出在狗身上，让猪买单"、"站在风口上，猪也能上天"之类的口号，才能给自己打气壮胆。这种思维方式或许对那些不得不在同类产品中杀出一条血路的企业家有帮助。但如果企业有自己实实在在的技术和价值，即使采取更稳妥的经营方式，经营成果也能很丰厚。

第七章 ●●●○
信息化条件下的金融业态与金融监管

在前面两章的内容里，我们主要讨论了信息科技在金融企业业务层面的影响，那我们自然就会想到另一个问题，当个体业务发生改变后，作为整体的行业是否会发生改变呢？如果行业业态发生改变，对于新的业态又应该怎样进行监管呢？这些问题比前两章的分析要来的复杂——技术对业务的影响是相对客观的事实，就像把一个力施加在一辆正在运动中的小车上一样，我们通过逻辑分析，总是可以大致判断小车后续的运动方式；但如果正在运动的不是一辆小车，而是一群小车，当不同的力施加到不同的小车上以后，再去判断这群小车的运动方式，就不那么容易了。因为小车之间也有可能相互碰撞，从而使一些小车运动的更快，而有一些说不定就停在原地了。但更复杂的问题是，如果有一个人监控着这些小车的运动，并也有权出手在小车上施加一定程度的力，那么，这群小车的运动方向最终还会受到监控者的目标以及他施加力的权限的影响，最终的结果就可能非常复杂。

因为问题复杂，所以作者并不敢保证分析结果的准确性，姑且算是供大家估测未来时的一个参考吧。

第一节　混业经营与分业经营

在探索未来金融行业业态时，第一个问题可能就是未来我国的金融业是重新回到混业经营还是坚持现在的分业经营。

在历史上，混业经营一直是主流，分业经营才是异类。不过由于采用分业经营的这个"异类"是最强大的美国，所以，也就没人敢宣称分业经营是异类了，反倒是很多人琢磨出来很多分业的好处。我国重建金融行业时，师法美国，从一开始也就确立了分业经营的总体思路。

不过，美国在 1999 年通过《金融服务现代化法案》之后，事实上已经重新走上了混业经营的道路；在 2008 年次贷危机以后，五大投行中幸存的高盛与摩根士丹利最终也变成了金融控股公司，而美林则以被美国银行收购的形式躲避了破产命运。至此，美国主流大投行最终都成为了混业化经营的一个组成部分，混业经营格局已然完全确立。历史上，英国和日本在 20 世纪 30 年代也确立了分业经营的原则，而两国在上世纪 80、90 年代也转变回混业经营的格局。至于除英国外的西欧国家，在历史上，基本一直保持着混业经营的传统。1992 年欧共体更进一步做出了推广全能银行的决定。这样一对比，我国倒成了全球主要经济体中唯一一个还在坚持分业经营的"异类"。

不过，历史上为什么会出现分业经营的情况呢？采取分业经营的各国出发点，都基本一致。以美国为例，采取分业经营的主要原因是大萧条。在大萧条之前的时代，美国股市曾经历过一个快速增长的大牛市。在投机赚钱的示范作用下，炒股赚钱成了一条快速致富、改变人生命运的捷径。一时之间，"凡有井水处，皆能谈股市"。在这个时候，很多银行家就将自己吸收的存款拿来炒股票——他们的逻辑听起来也很有道理：炒股票肯定能比以前赚得多。不过，当股票大牛市的神话破产以后，银行家持有的股票就变成了废纸，于是，当储户去银行提现金时，银行就会发生支付困难，于是更多的人就会因为担心银行无法兑现本息，而去提取现金，于是，银行业的挤兑就出现了。由于当时的美国胡佛总统应对失当，美国40%的银行破产倒闭。银行倒闭的副作用之一就是去杠杆化，或者说整个银行信用的坍塌，对于美国那样的经济自由主义国家来说，这种情况相当致命。很多企业因为无法得到贷款，从而破产，其辛苦建立起来的产能也随之散去；个人股市赔钱、失去存款又没了工作，生活困苦不堪[①]。于是1933年《格拉斯－斯蒂格尔法案》（《银行法》）就应运而生，禁止吸收存款的金融企业从事证券业务，从而最早建立了分业经营的法律基础。

那么，美国为什么又要恢复金融混业经营呢？一言以蔽之，就是分业经营的情况下，金融机构只能单打独斗，不利于赚钱。于是，到底坚持分业经营还是混业经营，核心就是到底更在意金融系统的安全性还是更在意金融企业的盈利性。

混业经营有德国式的全能银行型、有英国式的金融集团型还有美国式的金融控股公司型三种模式。全能银行型的混业经营，允许银行持有包括证券和保险在内的多种执照，属于混合的最彻底的经营模式。金融集团型混业经营，允许银行直接控股券商和保险公司，业务上通过母公司和子公司的方式来进行隔离，子公司出了差错，不至于在子公司之间互相影响，也不至于影响母公司。金融控股公司型混业经营的要求更为严格，规定银行本身不能投资于从事证券业务的公司，但可以发起成立金融控股公司，再以金融控股公司的形式去参股或控股券商和保险公司，在这种模式下，作为金融控股公司子公司的银行与作

[①] 虽然大萧条已经过去了八十多年，但对于大萧条的研究一直没有停止。以作者看来，发生大萧条，绝对不是一个偶然的事件，而大萧条发生的前提条件也可能以各种面貌重新出现。人类最终是通过第二次世界大战才消除了大萧条的影响，那么，如果有新的类似大萧条的情况出现，人类是否有更好的应对方案？有些读者可能认为，美国对次贷危机的应对方式可以在未来用来应对大萧条，但美国若干轮以邻为壑的量化宽松以及到目前为止仍然乏力的经济增长，可能意味着次贷危机的后遗症并未结束（社科院的杨斌研究员一直坚持认为美国经济并没有从2008年次贷危机中恢复，而只是通过量化宽松来粉饰太平）。关于大萧条的研究，可以参考如下两部著作：伯南克：《大萧条》，东北财经大学出版社2007年版，曼彻斯特：《光荣与梦想》，中信出版社2015年版。

为子公司的券商之间没有直接的股权关系，既可以在控股公司层面加强业务协作，又可以在子公司层面避免由于业务相互交叉而造成的风险。我国目前尽管是分业监管，禁止混业经营，但按照金融控股公司的模式，中信集团、光大集团、平安集团等金融控股公司已经基本集齐了全部金融牌照，事实上也达到了混业经营的目的。

　　那么，在信息技术被进一步应用的假设下，混业经营和分业经营到底哪一个有利呢？从信息技术角度看，这个问题是没有答案的，无论最终监管机构如何确定，更丰富的信息化技术手段总是更有利于开展监管工作。不过，如果畅想一下未来的图景，作者倒是认为技术的进步有可能促进金融产品的模块化和专业化。具体说来，现在的很多金融产品是一种混合产品。比方说，我们可以花100万元去购买一个投资联结保险；但也可以把这笔钱分成两部分，其中一部分用少量钱买入相同保额的死亡保险，此时，我们可以在所有承保人提供的同类产品中挑选最好的，然后用100万的另一部分去进行其他投资，此时，我们可以从所有可能的投资产品中找到最适合我们的产品。这样，作为金融产品的投资者，我们的利益肯定不会小于缺乏选择的情况。如果说在投资联结保险刚出现的时候，投资者最大的需求是要求专家帮助我们一站式购齐；那么，现在借助智能投顾和互联网，我们可以更轻松地对比与购买金融产品，此时，我们需要的是能做到最好的简单产品，这有助于我们按照自己的方式重新组合。

　　作者认为，如果未来市场这种个性化配置资产的需求成为主流，那么，在金融机构之间无法信息共享时，混业经营就更有优势；而如果能够实现信息共享，那么，对金融机构来说，采取混业经营还是采取分业经营，两者的差异并没有多大。关于前一个观点，就和现在要求混业经营的理由相同，通过多元业务可以获取更多客户资源，在此基础上可以发挥协同效应将业务做大做强。但如果借助信息技术的推动，金融机构之间最后能够形成一个统一的信息源，那么，同一个集团下的金融企业开展业务协作的结果必然不会优于最适合这一业务的各类金融机构进行合作①。这就意味着，金融企业与其吸收或组建不成熟团队来进行混业经营，还不如专注于发展自己核心擅长的业务。但模块化和专业化并不意味着金融企业就一定不会发展混业经营：如果一家金融集团已经在多方面取得经营上的优势，那么，混业经营的交易成本肯定不会高于分业经营下开展同类业务所需的交易成本，这意味着，保持混业经营肯定是有利的；而且，最有优势的金融企业也可以联合起来，以混业经营的形式提供丰富而优质的金融服务。

第二节　行业集中度

关于行业集中度的问题，来自于对电商行业的观察。图 7-1 展示了 B2B 电商在过去几年里的行业份额情况。在与互联网相关的行业中，类似的行业集中度比比皆是，应该说 B2B 电商的行业集中度还并没有那么夸张。如 B2C 电商行业，在 2015 年底，排名第一的天猫市场份额为 58%，排名前三的天猫、京东、苏宁易购的总份额为 85%；类似地，在移动购物的市场份额中，排名第一的阿里无线的份额是 84%，排名前三的阿里无线、手机京东、手机唯品会的总份额为 92%。

为什么会出现这种情况呢？主要是因为互联网天然的具有垄断的倾

---

① 我们可以用这样一个逻辑来理解这种情况：如果金融集团中存在一个低利润部门，其业务的能力不如外部同类高利润企业，那么，集团业务的利润就不会超过相互合作的利润。如果用金融集团来开展业务，当其他部门拿走属于自己的利润后，低利润部门的利润就会低于外部高利润企业。在投资者有能力选择模块化金融产品的条件下，低利润部门的产品就没有吸引力。而集团业务因为缺乏低利润部门的业务支持，总体业务也不能成功。如果高利润部门将利润分给低利润部门，就会造成高利润部门利润的下降，从而使高利润部门丧失吸引力。那么，集团是否可以拒绝外部企业参与自己的业务，从而低利润部门在业务中获得的利润高于高利润企业的平均水平呢？我们可以想象：如果高利润企业确认自己确实可以从业务中获得更高利润，那么，在没有信息壁垒的情况下，它也可以和其他金融企业合作，共同开展这项业务，只要新的合作团队产生的利润能够高于金融集团开展同类业务的利润，那么，金融集团就会愿意剔除低利润部门而选择和高利润外部企业合作，从而去获得合作产生的更高利润。

向。我们可以从几个角度来理解这个现象：其一，随着互联网的发展，对于每一个人来说都会存在时间少，信息多的情况，那么，当我们需要使用"靠谱"信息的时候，我们会去哪里呢？因为没有时间去处理所有信息，所以我们容易做出的决定就是去大家都在看的网页去看大家都去看的信息。如果我们需要网购某种东西，我们自然也愿意使用我们最信赖（实际上就是人最多的）的网站。其二，使用一个网络服务的人越多，其价值就越大，所以，当我们使用网络的时候，我们也会本能倾向于那些使用人数多的网络服务。其三，我们可以参考图 7-2 提供的互联网的拓扑图，其中每个点代表一个网络信息节点，颜色越深的部分代表信息越集中，在完全自由的状况下，这些节点应该是高度分散的，但真实情况却是某些区域信息高度集中，这些高度集中的区域，实际上就反映了互联网上某些信息节点对信息的垄断。

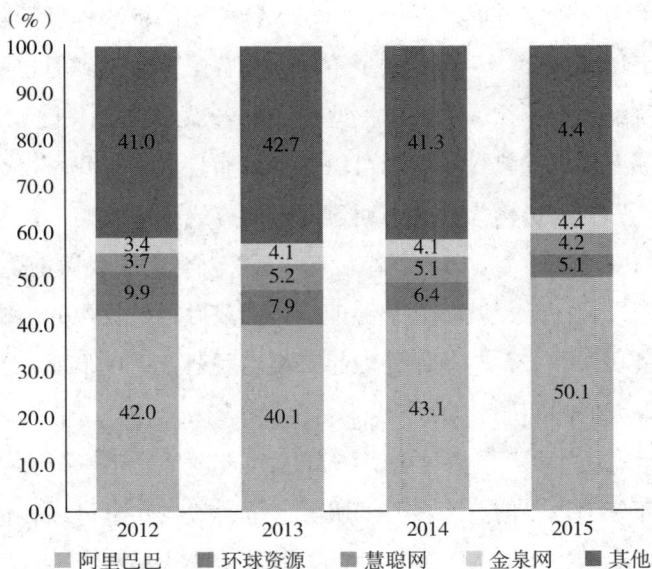

图 7-1　2012 ～ 2015 年 B2B 电商市场份额情况①

---

① 数据来自艾瑞咨询网站。

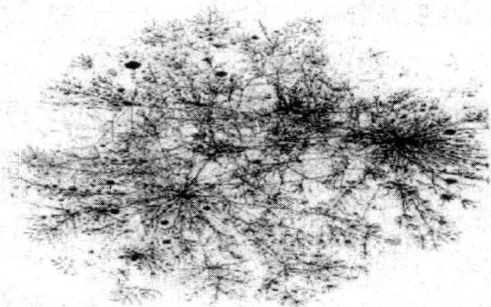

图 7-2　Internet　在自治系统层次上的拓扑图 [①]

那么，当信息技术更广泛应用于金融行业时，或者说当金融行业更广泛地使用以互联网为代表的信息技术时，金融行业的行业集中度会发生什么样的变化呢？从逻辑上看，行业集中度上升是比较可能出现的情况。

让我们反思一下，为什么每一类金融业务都同时由多家金融机构经营呢？从纯粹的技术角度看，其实就是个人、财、物资源的稀缺程度问题。大机构家大业大，但市场那么大，总有它顾及不到，或者虽然注意到但力量不足以覆盖的区域，这就给了不那么大的机构一些机会——虽然我总体上比你小，但我可以在某个局部上形成优势，所以总可以生存，而且，如果我做得好，我同样可以获得发展。那么大机构为什么不通过并购的方式逐渐收购小机构呢？仍然可以从相同的角度考虑。大机构收购小机构以后，就会面临裁撤重叠部门的问题。如果不裁撤，人员冗余，就不便于管理；如果裁撤，被收购的小机构难免有自己的业务链条和人际关系链条，处理起来相当复杂，一旦不慎，就可能出现小机构骨干大量流失的问题。

但如果信息技术得到更多的应用，结果可能就完全不一样：金融企业的竞争实际上大部分都是以信息为核心的服务竞争，战场完全可以转移到网络上。如果竞争发生在网络上，人、财、物的限制就会大大减少 [②]。这样，大机构完全可以在几乎不增加成本的情况下将不断升级的服务覆盖到所有人群。同时，

---

①　胡海波、王林："幂律分布研究简史"，《物理》，2005 年第 12 期。

②　比如说办公场地、客服人员等等都会大幅度降低成本。

如果发生收购，把两个机构的信息系统整合在一起的工作，怎么都比将两个机构的人员整合到一起来得简单，所以，信息化程度越高，大企业收购小企业的整合成本就会越低，这也意味着通过收购迅速统一市场的可能性就越大。可以想象，大机构凭借更强大的品牌、更强的商业网络、甚至可能还有更先进的技术水平，必然会取得巨大的竞争优势，并通过不断地收购来迅速统一市场。

如果金融行业出现高度集中的市场集中度，会出现什么问题吗？这就不是一个单纯的技术问题了。我们得先回忆一下，为什么我们会认为垄断不好呢？理由可能有很多，但说来说去其实就只有三个，其中两个是经济原因，一个是政治原因。萨缪尔森《经济学》中总结了经济方面的原因：垄断破坏完全竞争的自由市场[1]，以及垄断损害福利。而政治原因则从推行《谢尔曼法案》（《反托拉斯法》）的西奥多·罗斯福总统[2]身上看出端倪：垄断企业会试图操纵国家。

那么，金融行业的垄断也会出现类似的问题吗？首先我们说破坏完全竞争的自由市场的问题[3]。这个说法对于生产产品的企业来说没问题，但对于金融行业来说却有些牵强，至少我们知道，在完全竞争的市场里，不会有人制定指导价格（但央行会定基准利率），不会有人干预生产（但央行会定准备金率）。在这个意义上看，从来就不是完全竞争的金融行业，即使发生垄断，又怎么会破坏本就不存在完全竞争的市场秩序呢？其次，我们来看损害福利的问题。这个逻辑的基础是厂商一旦处于垄断地位，就会面对整个市场的总需求曲线（而

[1]　有的读者可能会好奇，不是还有很多人说垄断意味着缺乏竞争，会造成企业失去创新能力吗？在西方经济学经典教材《经济学》第19版159页有一段原文"在长期内，没有一个垄断者能够确保自己免受竞争的冲击"。在深入使用互联网的企业中更是如此，一个更好的技术或者商业模式，总有机会迅速取代已有的技术或商业模式。我们可以回首过去的十几年，网景浏览器、MySpace、MSN等等当年必备的互联网工具，不知不觉间已经消失。

[2]　对这个话题感兴趣的读者朋友可以找一些关于美国北方证券公司的史料来阅读。这也是西奥多·罗斯福发起的第一个反垄断诉讼。大意就是以摩根为首的商业资本通过北方证券把全美国的铁路系统整合起来进行垄断，而罗斯福认为，这个垄断企业将危害到国家安全和全体国民的经济利益，于是西奥多·罗斯福坚持拆散这家垄断企业，并和这家企业背后的大老板皮尔庞特·摩根围绕着垄断问题展开了激烈的斗争。

[3]　这个问题很严重吗？对于非经济学家来说，有没有完全竞争的自由市场其实关系不大——我们几乎就没遇到过什么真正意义上的自由市场，衣、食、住、行都没有。但对于经济学家来说，问题就很大，因为如果没有完全竞争的自由市场，西方主流经济学"理论自信"的主要来源（一般均衡理论）基本上就不存在了。

不是完全竞争市场的平直的需求曲线），当它改变产量时，就会影响市场价格。此时，它就有动力按照"边际成本"等于"边际收益"（而不是"边际成本"等于"价格"）的原则定价，这样，社会总产量就会比完全竞争市场小，价格也会偏高，就会造成消费者福利的下降。问题是，金融行业提供了什么商品？没有。金融行业提供的是与货币流通经营相关的服务。问题是在信用货币时代下，信用货币所承载的无非是国家信用。这样，金融行业本质上就是提供国家信用流通和运营的纯粹"商人"。一般的商人当然不可能形成垄断的——其他商业资本家只要走同样的商路就可以对垄断者构成竞争。如果一个商人能够形成垄断，那么是其交易的商品本身必然是垄断厂商生产的垄断商品。在垄断厂商可以随意指定商人时，作为渠道的商人就不可能实现渠道商自己的垄断利润[①]。偏巧信用货币就是"国家"这个垄断者"生产"出来的"垄断商品"。所以，从这个意义上说，金融机构应该类似于一个"公共服务"的提供者，那么，经营这个"商品"的商人是一个还是几个，最终反映的都是国家意志，对社会福利的影响不会有很大差异[②]。

在作者看来，金融垄断最可怕的地方其实是在政治问题上。如果是私人垄断了金融业，至少在选举政治的国家里，垄断者就可以轻易地通过金权交易来影响国家的大政方针，进而将国家"金国主义"化，也就是说整个国家是为了金融垄断者的利益来制定政策：比如不断地超发货币来抢掠其他行业的财富；比如不断削减公共福利，将生活资料资本化，迫使人民为生存而承受巨额负债，等等。说穿了这就是因为金融业参与了信用的创造过程，掌握了一定的信用发行权，在现代经济体系中的地位太重要，以至于如果让私人掌握这个行业的权力，就会像私人掌握军队一样，存在"公器私用"的严重隐忧。

综上，作者认为，在信息技术的促进下，金融业的行业集中度有内生的集中趋势，但除了仍然坚持社会主义道路的我国以外，其他所有主要经济体都最

---

① 关于这个结论可以这么看：如果渠道商利用自己的垄断地位追求属于自己的垄断利润，那么，垄断厂商看到的需求曲线实际上是一条向左偏移之后的需求曲线，这意味着，垄断厂商在垄断价格上的供货会更少，从而失去最大化利润。如此一来，垄断厂商必然会更换渠道商，以保证自己的利益。

② 有的读者可能担心金融业垄断后会出现服务质量下降的问题，这确实有可能。

好不要让金融该行业过度集中，否则，垄断的金融业在选举政治下，有可能产生难以挽回的严重问题。

第三节　监管模式选择

关于未来我国金融业监管模式问题，作者显然更没有什么发言权。这个问题不但不是一个单纯的技术问题，甚至也不是一个单纯的政治问题，某种程度上说，还关乎决策者的某种哲学倾向。作者对于政治和哲学问题的研究结果毫无把握。姑且在这一节中，仅从技术问题进行讨论。

在前文中，我们讨论过，在信息技术被更深入应用的情况下，金融业的发展趋势。并认为未来金融行业会越来越模块化专业化，投资者最终将在基础业务中挑选基础产品，再加以组合后，获得定制化的复合金融产品。因此，从长远看，作者仍然支持分业监管。但是，由于金融控股公司的出现，一些新型金融业务已经变得越来越复杂，其中涉及的具体业务也可能已经跨越了现有单独一个监管部门所能监督的范围。这就意味着监管部门必须加强团结、统一负责、统一行动，同时，又能够凭借各自的监管专业能力来形成综合性的监管合力。因此，从长远看，作者认为，建立统一的监管机构也势在必行。

在现有监管改革方案中，有"一行三局"、"一行两会"、"一行一委"和"一委一行、一会、一局"等多个不同的版本[1]。"一行三局"派认为可以将现有的一行三会统一成一个新的超级监管机构，来实现统一行动的目标；然后在一行下设证监局、银监局、保监局，来体现专业特性。"一行两会"派认为，应把银监会重新并入央行，然后保监会、证监会维持不变。这个方案在专业性上较好，但一行两会仍然平行，统一性就略差。"一行一委"派认为应该将"三会"合成"一委"作为金融业务监管部门，和独立的央行平行。这个方案在业务监管上可以形成统一，思路上和"一行三局"派相似但有更强调央行

---

[1]　关于金融监管改革方案的问题，读者可以参考张承惠："国务院专家提出'一委、一行、一会、一局'金融监管框架"，《上海证券报》，2016 年 6 月 15 日。

的监管功能的独立性。"一委一行、一会、一局"派认为，应该成立凌驾于一行三会的金融稳定委员会，然后合并"三会"来成立金融监管委员会，然后新设中小投资者和金融消费者保护局，最终形成一个以金融稳定委员会为首，以央行（专注汇率、货币、通胀的稳定性问题）、金融监管委员会（专注于金融机构具体业务）、中小投资者和金融消费者保护局（专注于中小投资者保护）为支撑的综合性金融给管理体系。这个模式实际上是参考了美国现有的金融监管体系，专注于金融产品功能上的监管而不是机构上的监管，同样很有启发意义。

不过，以作者看来，这些监管改革方案虽然各有高论，但这些方案也存在共性的问题：没有对信息技术对金融行业的潜在影响引起高度重视。以"一委一行、一会、一局"方案为例，其实可以进一步考虑抽调一行一会及其监管的金融机构的信息技术骨干，以此为基础，与科研院校、科技企业合作，在金融稳定委员会下建立一个金融信息局，以主要负责三方面的工作：其一，是金融信息安全，由于其涉及整体国家安全，甚至可以国家安全领导小组层面发挥作用；其二，是建立并维护统一的金融信息平台；其三，研发相关的技术应用，为各级领导和相关部门提供技术支持。

专栏7-1　　数据分析技术在金融监管中的应用

借助数据分析技术，监管部门可以更深入地发现违纪问题，其基本思路并不复杂，而未来的发展前景也非常光明：2014年发生的"马乐案"标志着我国已经开始利用数据分析技术来打击内幕交易，并已经取得了良好的成果。而实现这个功能的技术其实相当简单——通过交易所的数据监控系统可以即时获得每一个交易账户的交易信息，通过数据分析技术，可以设定若干指标，并根据指标设定异常交易报警。一旦发生异常交易，监管部门可以查阅交易账户发出交易指令的IP地址、开户人身份和社会关系等问题进行进一步的确认。最终对可疑案件进行调查。

在北京市金融局分析一家投资企业是否是骗子公司时，也采用了类似的方法：通过搜集网络数据，金融局可以发现投资企业所投资的对象是否真实，而投资对象的相关企业是否真实，相关企业的相关企业是否真实，等等。通过一定的算法，就可以相当准确地找出那些通过制造假投资来转移资金的骗子公司。

在理论上，除了现金交易难以监管以外，整个金融系统可以获得一个人几乎所有关于其个人财富、收入、支出等多方面的个人财务信息，也可以准确地了解每一个企业的资产、收入、支出情况。所以，只要能够把各种金融信息集中起来，任何人、任何企业的违法违规行为都可以很容易被找出来。

第三部分
趋势与未来

　　按照作者最初的想法，前七章内容里多加些案例，再加一个前言和总结，基本上就把作者想讨论的主要问题都说清楚了：在信息技术深入应用到金融业时，金融业的发展方向；以及我们应该在这个潮流中做些什么，才不辜负这个充满希望的时代。但是，说实在的，就像作者在第七章的内容中反复说的那样，作者只能比较有把握地去分析那些"信息技术如何改变金融业务逻辑前提"的问题，而不能有把握地分析未来的情况如何。"应该变成什么"和"最后变成什么"很少有一致的时候，其中的关键，大多数时候是因为人。

　　关于决定增加这个部分的主要原因是作者的一位研究生问的问题："中国经济为什么会下滑"？这个问题似乎很容易找到答案——官方文件、学术论文、媒体网络，乃至很多微博和微信公共号都给出了相同或不同的答案。但是，这个问题接下来的问题一定就是"中国经济该怎么办"。如果我们不能真正找到第一个问题的答案，我们就不可能真正找到第二问题的答案。在一次聚会中，意外地听到一位朋友说了一句话，"房价暴涨简直是对我过去十几年努力奋斗的嘲笑"，作者忽然意识到，其实，这可能才是"经济下滑"问题的关键。在我们过去一段时间的经济实践中，我们把经济发展成果中很大的比例给了那些投机者而不是给了那些真正辛苦劳动的人。如果一个社会反复向身在其中的人民展示"实干误国、投机兴邦"的案例，那么，谁还会真心去实干呢？如果整个社会的风气，最终趋向于奖励投机，忽略实干，那经济怎么能发展得好？

　　作者曾戏称：我们正处在三千年未有之大变局中，未来国家与民族的命运恰恰取决于我们今天的选择和行动。如果仔细分析，就会发现，人类在当前所发生的变化，实际上是三个重大历史变化在今天共同作用的结果：第一个是国际秩序与地缘政治重构的变化（类似"罗马和平"崩溃）；第二个是信息技术消弭物理障碍后所引发的社会组织形态的变化（类似"1848年欧洲革命"）；第三个是技术进步将引发的生产关系的变化（有些类似两次"工业革命"）。在整个人类的有文明历史中，人类从来没有在一代人的时间里，同时经历过这三种变化。而且更进一步地说，人类经历过第一个变化，近似地经历过第二个变化，但从来没有经历过第三种变化。以第二次世界大战作为观察的起点，那么二战后出生的这一代人他们的人生经历和其子一代和孙一代所要经历的人生经历可能完全不同。而不同时代出生的人又共处于同一个时代，彼此相互影响又相互冲突。曾经作为一个人哲学体系中根深蒂固的理论和经验都需要被修正甚至被扬弃。这显然是对人类的认知能力、思考能力和实践能力的严重挑战。人类的技术进步速度和人造物的自我演化速度可能已经超过了人类对自身思考的速度。对传统的信任、对未来的幻想以及对当下得过且过的应付，交织成了人类对人类社会全部构想的基础旋律。于是，人类在这样一个时代会表现出奇异的行为：缅怀历史的荣光，憧憬未来的美好，但在当下却选择关注"政治正确"的那些无关紧要的话题。从人类对自身的研究问题上看，在新自由主义全面胜利的历史背景下，我们已经找不到什么能够沉静下来去思考人类未来发展的著作——头痛医头的作品有之，无病呻吟的作品有之，跟风时髦的作品有之，但关于人类大命运的作品却没有。这个世界可能没有终结，但知识分子的探索精神似乎已经体现出"历史的终结"。

显然，这些问题已经超过了作者的专业范围，仓促发表意见，便难免挂一漏万，引起各种争论——在这世上，拥有给人"添堵"这般本事的人大有人在。不过，作者反复斟酌，认为还是要稍微触及一下这些敏感的话题，才能把这本书想要说的事情说完整。所以，要是后面两章里要是有什么内容说的不对，还恳请读者朋友们以包容之心，对这些不成熟的探索多多包涵。

第八章 ●●●○

再论金融

　　在这本书的第一章，作者通过引用和解释前人的观点，为读者们说明了"金融"这个概念。在那里，作者曾说过这样一个观点："在重要性上看，金融的重要性必然不可能超过经济的重要性，如果必然要在二者之间讨论牺牲谁来保全谁这个问题时，正确的答案应该是牺牲金融而保全经济"。最开始遇到这句话的读者朋友可能有所不解——在正常的表述中，金融发展和经济发展应该是"一荣俱荣、一损俱损"的关系，又怎么会出现利益上的冲突呢？不过，如果我们把前面几章内容看完，可以发现，由于金融业内在的管理方式和业务逻辑，金融业本身并不一定会按照最有利于经济发展的方向开展工作。别的国家姑且不管，我国的金融行业在未来是要转变成华尔街一般的资本市场巨头，还是要保持当年创设"中华苏维埃共和国国家银行"的初心，这还真是一个值得探讨的问题。关于这个问题的答案，无关乎逻辑，只在于立场。

　　而另一个同样关于立场的问题则是，我们发展经济的目的到底是什么。在第一章中，作者模糊地提了一句"经济与金融的目标最终还是要回到促进生产力发展这一面，而生产力发展本身才是解决当前经济问题的根本手段"。但应该怎么发展生产力呢？作者在前文中并没有明确地说明过。作者也从没讨论过，应用了更多信息技术的金融业在促进生产力发展这个问题上到底可以做什么。

其实，读者在前文的阅读中可以隐约地发现，作者一直试图让大家注意到，金融业并不是一个纯粹的商业或服务业行业，金融业实际上提供了某种程度的公共服务，或者说金融业实际上控制着某种程度的公共权力。所以，相对于其他生产或服务行业，政治活动与社会组织方式等"上层建筑"对金融业会产生至关重要的影响。如果忽略了这个事实，而过分强调金融业的商业属性，那就有可能犯错误。

所以，在这一章当中，作者尝试着简单地讨论一些涉及国际环境和国家改革方向的问题。然后以这些分析的结果作为基础，来分析金融业的发展方向。显然，在这一章中，结论性的东西未必靠得住，但这种分析方法，或许可以对读者朋友们有所裨益。

第一节　利益冲突与全球金融体系重建

毛泽东有一句名言"谁是我们的敌人？谁是我们的朋友？这个问题是革命的首要问题。"这句非常平常的话其实相当不平常，没有真正把局势看明白的人，就不会了解这个问题的答案。现在很多人愿意用英国帕麦斯顿首相说的"没有永恒的朋友，没有永远的敌人，只有永远的利益"来回答这个问题。姑且不说这种用利益划分敌友的观点是对是错，但我们总算是有了一个基本的方法。

那么，放眼全球，谁是我们的敌人，谁是我们的朋友呢？我国官方一向有"和平和发展是主旋律"的说法，但从我国日益增长的军费开支上看，这句话咱们自己也是不信的。那么，我国的威胁来自哪里呢？以我国的国力与军力，地球上真正能够对我国构成威胁的国家已经只剩下美国一家。那么，这种威胁体现在哪里呢？因为大家都是有核国家，以亡国灭种为目的的武装侵略估计是不现实的；通过类似茉莉花革命的方式来引发我国现有政权崩溃的尝试，施行过却没成功；经济制裁手段在共和国诞生的早期曾经用过，但在那个一穷二白的年代尚且不能取得成功，现在就更没有希望。所以，在我们自己团结不乱的情况下，来自美国的威胁说大倒也不大。

但是，巴黎统筹委员会到现在还在维持运转；舆论上对我国的各种诋毁从未停歇；各种贸易战伎俩层出不穷；在我国周边部署的军事力量也有增无减。特别地，美国还擅长以台湾问题为手段，对我国进行打击，关于这个问题，在近年来似乎还有越发明显的趋势。例如，2016 年 12 月美国会众议院通过《2017 财政年度国防授权法案》，放宽现役高级军官访问台湾的限制，隐约地表现出对台湾防卫问题将实施更大地支持；又例如，候任总统特朗普打破常规与台湾地区领导人蔡英文直接通电话，并通过推特发布消息，用以试探我国态度，等等。美国的所作所为反映出一个基本事实：碍于国力，美国未必认为自己有能力像消灭伊拉克、阿富汗、格林纳达或者巴拿马那样消灭我国政权，但美国决策层在制定国家战略时，遏制中国始终是其国家战略的一个重要组成部分。那么，作为应对的一方，我国应该处理对美关系呢？姑且不说外交场合上或是虚情假意或是真心实意的那些说法，至少在金融上，我们也必须要有立场。

这个立场是什么呢？就是发展金融也好，参与国际金融市场也好，最终一定是要为本国的利益服务。我们不能总是按照对手的思路和规则来办事，而是要有计划的打乱和破坏对手的部署，制造对我有利、对敌不利的态势。比方说，特朗普在竞选期间曾多次提及要平衡财政收支、要减税、要增加就业机会、要 "Make America Great Again"。如果他在就任后还打算完成这个目标，他就必须效仿里根的做法，通过减税来刺激制造业的发展，从而增加税基，最终实现降低税率却提高税收收入的目的。那么，他就需要几个基本的条件：其一，有资金支持美国政府在减税之后、税收增加之前的这段时间里的正常运转；第二，要有制造业企业回流美国并形成产业聚集。所以，可以预见，美国在未来一段时间一定会试图重新通过减税、向本国企业施压，或者其他公开或不公开的政策手段，促进若干支柱产业进入美国、留在美国，并不断发展；通过加息或者鼓吹美国资本市场神话，或在其他国家和地区制造金融危机，或者其他手段诱使资金回流美国。最终的目标必定是去除产业空心化的影响，用更高水平的制造业实现美国的"再工业化"。那么，我们是应该支持他的经济发展目标，还是应该试着不让他如愿呢？如果我们不再坚持"救美国就是救中国"的国际主义精神，我们总可以去制定一些有针对性的策略：比如限制中资制造业企业在美国设立企业，或者限制资本从我国流入美国，或者在其金融市场上掀起一些风浪摧毁市场对美国政府和美国企业的信心，或者大力发展美国支柱产业的替代产品以遏制其国际竞争力，等等。只要能打乱美国重新增强国力的战略，持续打击美国恢复制造业的决心和信心。那么，假以时日，美国对我国的威胁自然会下降到一个更合适的水平。

在所有战略手段中，在金融方面，能够对美国产生最大影响的战略，无疑就是采取措施来打破以美元为核心的国际金融体系。作为全球最大的贸易国，我国有能力也有必要重构国际金融体系。在本书第四章的内容里，我们已经分析了美国通过全球金融体系持续获利的原因和手段。显然，没有任何理由可以让我国长期忍受这一体系。虽然"一带一路"、亚投行、人民币的货币互换、人民币加入 SDR 等工作正在努力把我国提升到一个和美国相似的地位。但作者认为，这并不是当前最有效的战略。

在前面的内容中我们曾经分析过，美国之所以能够建立起今天这样的地位，主要是依靠其在二战期间的历史贡献以及战后一直存在的明显国力优势。我国虽然国力已经得到明显的恢复，但远远未能取得类似当年美国那么大的优势。这意味着，建立一个明显对我国有利的国际金融体系，未必是一个有可行性的工作。至少对于其他国家来说，美国主导的国际金融体系和中国主导的国际金融体系都是对自己不很有利的国际金融体系，而如果一定要选边站队的话，各国自然在习惯上会更亲近美国。一个国际社会显然又不需要长期并存的两套金融体系，所以，除非我国在综合国力上有了更大的提升，否则，我国不可能效仿美国建立一个以中国为主导的国际金融体系。

那么，用什么方式才能更有力地打破现有不公平不合理的金融体系呢？作者认为，主要的方法其实就是应该尽可能地团结朋友。或者说，我们的目标不是要在既有国际金融体系中为我国争取一个更有利的地位，而是凭借全球第一大贸易国的身份，号召各国在全球范围建立一个更加"公平"的金融体系。这个工作能实现吗？以前可能不可以，因为各国之间并没有什么相互信任可言，除了有国家施加以强权，否则没有任何国家会有动力不采取以邻为壑的策略。不过，今天的信息技术手段已经可以在技术上扫除所有障碍。至于能否获得成功，实际上就不仅仅只是依靠信息技术行业和金融行业的工作了。在这里，姑且介绍一个作者构想的简单思路，以供大家参考。

什么样的国际金融体系算是公平的？其一，就是不能再像现在这样，让某个国家发行的信用货币来作为全球货币；其二，全球货币不能像黄金一样总量上比较缺乏；其三，各国能够根据自己的出口和进口，公平地获取全球货币。此外，如果可能，全球货币能够便于结算且避免投机。而仔细想来，其实利用"凯恩斯计划"①中的世界银行（或者说，全球央行）的思路，辅助以区块链技术为基础的数字货币②，大体上可以构建一个更公平的国际金融体系。

关于这个问题，作者有一个简单的构想：在各国达成某种共识的前提下，全球央行可以根据共识提供的计算方法（比如说是全球的贸易额以及增长率的一个函数）去计算全球货币的总数量，同时，又可以根据共识计算每个国家可以兑换全球货币的上限。然后根据计算机系统自动生成国际货币，并将这些国际货币封存在一个资金池中。随后，各国用共识提供的兑换汇率，用本国货币去兑换世界货币，而换取全球货币的各国货币将进入这个资金池并被储备起来，

---

① 《凯恩斯计划》是布雷顿森林体系成立前对全球金融体系的一个设计方案，最后布雷顿森林体系采用了这个一计划的替代方案《怀特计划》。《凯恩斯计划》主要包括以下几点：

1. 建立"国际清算同盟"，相当于世界银行（或者说全球央行）。

2. 会员国中央银行在"同盟"开立往来账户，各国官方对外债权债务通过该账户用转账办法进行清算。

3. 顺差国将盈余存入账户，逆差国可按规定的份额向"同盟"申请透支或提存。

4. "同盟"账户的记账单位为 Bancor，以黄金计值。会员国可用黄金换取 Bancor，但不可以用 Bancor 换取黄金。

5. 各国货币以 Bancor 标价，非经"同盟"理事会批准不得变更。

6. 会员国在"同盟"的份额，以战前 3 年进出口贸易平均额的 75% 来计算。

② 在《凯恩斯计划》中，Bancor 的信用基础是黄金；如果使用数字货币，即便采用与比特币完全不同的"工作量证明"，但只要全球央行能够保证所有的环节都能符合各国共识，那么，这种世界货币当然也可以产生良好的信用。在前文提到过一国央行因为有国家信用支持，而没有必要发展数字货币；但对于不可能存在公信力的全球各国中央银行来说，数字货币的原理反而能让大家都放心。

以作为支持全球货币的资本金和必要的调整手段。

　　虽然上述构想看起来比较粗糙。但从可行性的角度看，综合运用信息技术工具和金融技术工具，我们总归是有能力提供一个更透明、更有信用的全球金融体系。作者相信，在"公平"这个旗帜的感召之下，会有会越来越多的国家支持我们的工作。那时候，除非美国敢冒天下之大不韪，否则，新的国际金融体系必定会取代旧的体系。一旦美国失去国际金融体系的优势地位，其国力的恢复也肯定更加困难。

第二节　供给侧改革背景下的金融改革

　　以目前全球的政治经济发展状况看，几乎没有哪个主要经济体正处于高歌猛进的兴旺状态。在全球经济增长一片不景气的情况下，我国能够维持 6% 以上的增速，已经是全球经济奇迹。但即便如此，我们也不敢说我国经济发展就没有问题。读者对我国经济的感觉应该也不是只有乐观，如果把不乐观的原因细细罗列出来，恐怕可以写成厚厚的一大本书。如果分分类，可能就主要问题就这么几类：其一，很多从事包括实体经营在内很多行业的人，都发现市场变得不景气、钱不好赚，觉得未来发展没有希望；其二，有些人发现玩金融资本运作的、投机房地产的、搞网络公司的人赚得太多，于是心里不平衡；其三，有些人对环境、对医疗、对教育、对养老等问题充满忧虑；其四，有些人对金融体制在内的各种体制充满不满；其五，有些人对于社会阶层固化的情况很不服气，觉得前途暗淡，等等。如果综合现有官方和主流学者的判断，那么，造成这些问题的原因有三个：其一是产能过剩和需求结构升级矛盾突出。也就是说，需求确实存在（比方说，需要日本的智能马桶盖），但供给无法匹配需求（比方说，现在只能供给生产马桶盖的塑料），所以，存在着巨大的结构性失衡，所以需要调结构来改善这个问题。其二是经济增长内生动力不足。也就是说单纯靠经济体自身循环所形成的增长比较少，经济维持增长主要靠外部投资、出口等外部资源来拉动。一旦外部拉动力量减少，经济增长就会乏力。其三是地方债务过重。也就是说，地方政府、地方政府平台公司这些年为发展经济而大量负债，导致各地政府还债压力大，并削弱了以后拉动地方经济增长的潜力。除此以外，官方与主流学者也认为，金融行业目前风险过大，可能是我国经济未来发展的一个隐患。

按照对经济问题的这种解读方式，对策自然就是中央提出的那些经济工作目标。显然，中央对现有问题把握得很准、解决思路也非常清晰。不过，从研究的角度，我们还可以向前再问几个"为什么"，去探求一下这些造成"造成经济问题的原因"的原因，即为什么会出现结构性失衡的问题。

很多学者将问题归咎到前些年国家的经济刺激政策，认为对房地产、基础设施建设的过度投资，造成相关上游产业畸形膨胀，今天种种困难，只是在收获当年种下的恶果。言外之意就是，如果没有国家对经济的过度干预，完全按自由市场的方式来调配资源，自然也就没有这些问题。所以，如果从这个角度来判断问题，最终的结论就是，为了杜绝类似情况再次发生，国家最好不要去干涉经济发展。

但事实上，今日过剩的产品也不见得全是基建设施和房地产的上游产品。比如，中低端的装备制造业之中，泵、阀门、压缩机制造，采矿、冶金、建筑设备制造，汽车制造，电机制造，电线电缆光缆及电工器材制造，通用仪器仪表制造以及专用仪器仪表制造等行业都处于严重过剩的状态，平均总资产回报率仅为 0.85%[①]。再比如船舶产业，这总归和国家干预经济没什么关系吧。再比如，风电和光伏产业，曾经也被工信部列入过剩产能名单，但随着人们对清洁能源的需求日益提升，工信部又把两个行业从过剩产能名单中移出。此外，如果过剩产能只有列入工信部名单那么几个，很多和这几个行业没多大关系的中小企业也纷纷嚷着自己的日子不好过，这又是为了什么呢？

所以，从另一个角度看，发生这些问题的原因也有可能是市场调节资源分配的机制出了问题。我们都是知道，在凯恩斯学说出现以前，纯而又纯的自由市场经济，经常会遭受经济危机的袭扰，而其集大成者就是大萧条。在柯立

---

① 机械工业经济管理研究院：《装备制造业蓝皮书：中国装备制造业发展报告（2016）》，社会科学文献出版社，2016 年 12 月。

芝繁荣期间，多种大规模生产技术的广泛应用将美国工人每工时的效率提高了40%，社会生产力大幅度提高。但结果呢，由于缺乏市场需求，最终造成产品过剩，然后工厂倒闭，工人失业，整个经济几乎陷入崩溃状态。明明在劳动生产能力大幅度提高的年代里，为什么经济会崩溃呢？时任总统胡佛在卸任多年后终于意识到了问题原因："一边只有几千人……却享受了绝大部分的生产成果；另一边超过20%的人，却只得到了很少的一部分……"[①]。胡佛可能没看过《资本论》，他发现的这个事实，早就在马克思的著作中被反复提及，在马克思看来爆发经济危机的根本原因从来都是"资本主义的生产方式"。大体上说起来，问题的关键就在于生产资料私人占有制和社会化大生产的矛盾，也就是说生产资料的私人所有者们为了自己利益的最大化采取行动，从而使整体的利益受到损害[②]。换言之，在马克思看来，私人的生产资料所有者们根本无法执行社会化大生产的目标。所以，如果从这个角度来判断问题，最终的结论就是，为了杜绝类似情况再次发生，最好保持并扩大公有制的生产资料，加强社会化大生产的计划性。

两种理解泾渭分明，两种建议更是相互排斥。究竟哪个是真、哪个是伪，实在是不好判断。如果是第一种观点是对的，那为什么号称奉行"自由市场经济"的那些主要资本主义发达国家，成天抱怨经济不景气，完全不像已经取得全面胜利的样子？如果是以后一种观点成立，我们又好像是在为已经瓦解的苏联计划经济招魂。但有一点可以肯定：无论如何，两者可能同时都不对，但不能同时都对。

中央的做法很务实：在把整个问题搞明白之前，不妨先动手解决眼前的问题。而解决问题的手段就是供给侧改革。那么，供给侧改革是什么呢？到目前为止，作者没有看到过明确的定义。也正因为没有官方明确的定义，一些专家学者对供给侧改革就产生了很多似是而非的解读，比如有的试图用供给学派的

---

① 曼彻斯特：《光荣与梦想》，中信出版社 2015 年版。

② 关于马克思经济危机理论及其发展，有兴趣的读者朋友可以参考：王伟光："运用马克思主义立场、观点和方法，科学认识美国金融危机的本质和原因——重读《资本论》和《帝国主义论》"，《马克思主义研究》，2009 年第 2 期。

分析方法来解释供给侧改革的基本内容[1]；有的试图论证供给侧改革就是要打破国有企业对生产要素的不合理占有，让要素市场对生产要素重新定价[2]，等等。为正本溯源，作者以习近平总书记涉及供给侧改革的若干发言为基础[3]，为各位读者朋友展现一个供给侧改革的真实面貌。

其一，供给侧改革是针对我国经济"结构性问题"而特别提出的一个理论，其目的是指导我国经济"结构性调整"，与"西方经济学的供给学派不是一回事，不能把供给侧结构性改革看成是西方供给学派的翻版"。

其二，结构调整的重点在供给侧，但在供给侧改革中，供给侧和需求侧"不是非此即彼、一去一存的替代关系，而是要相互配合、协调推进"。要"既强调供给又关注需求，既突出发展社会生产力又注重完善生产关系，既发挥市场在资源配置中的决定性作用又更好发挥政府作用，既着眼当前又立足长远。改革的内涵是增强供给结构对需求变化的适应性和灵活性，不断让新的需求催生新的供给，让新的供给创造新的需求，在互相推动中实现经济发展"。

其三，供给侧改革的工作任务是"从生产端入手，重点是促进产能过剩有效化解，促进产业优化重组，降低企业成本，发展战略性新兴产业和现代服务业，增加公共产品和服务供给，提高供给结构对需求变化的适应性和灵活性。简言之，就是去产能、去库存、去杠杆、降成本、补短板"。

其四，供给侧改革的理念是"创新、协调、绿色、开放、共享"。其中"创新"是首要理念，主要体现在"新技术、新产业、新业态"的创新上。

其五，"推进供给侧改革是形势所迫，是问题倒逼的必然选择。改革攻坚，这个坎必须跨过去"。"不能因为包袱重而等待、困难多而不作为、有风险而躲避、有阵痛而不前"。

其六，特别强调，推进供给侧改革"不仅不能削弱政府宏观调控职能，而

---

[1] 比如，姜超、顾潇啸："关于'供给测改革'看完这十个问题你就懂了"，《华尔街见闻》，2015年12月1日。

[2] 可以参考，李鑫洋："要素重估：供给侧改革的机制与路径"，《郑州大学学报（哲学社会科学版）》，2016年第6期。

[3] 主要内容摘录自《习近平在省部级主要领导干部学习贯彻党的十八届五中全会精神专题研讨班上的讲话》、《习近平主持召开中央财经领导小组第十三次会议的讲话》。

且要把供给管理和需求管理更好地结合起来"；同时也强调"国有企业作为国民经济发展的中坚力量，在供给侧结构性改革中要发挥带头作用，模范执行各项改革决策，成为改革的主力军和先行者"。

相信读者能够从上述内容中体会到"供给侧改革"的真实含义，很可能完全与一些经济专家的理解不同：首先，认为供给测改革是供给经济学的想法完全不对，中央对新自由主义经济学的思想已经产生了警惕，绝不可能将完全依赖自由市场而放弃政府干预；其次，供给侧改革绝对不可能会掀起新一轮国有资产私有化的浪潮，而国有资产却可能以此为契机，进一步做大做强；此外，这场供给侧改革虽然是中央大力推进的一场经济改革，但是，这场供给侧改革的推动力和最终结果应该是技术上的，或者说只能是技术上的。

那么，回到我们感兴趣的话题上，在这样一个重要的历史转变中，我国金融业会受到什么影响呢？作者有三个观点。

第一，我国金融行业"仿造"美国金融体系的进程可能被中断，甚至被放弃。金融业整体业态可能出现较大变化。

第二，金融机构内部资金空转的虚拟业务将受到打击，金融最终还是要服务与实体企业；资本市场回归理性，投资的回报将主要由企业利润而不是企业估值来提供。

第三，针对未上市企业的股权投资，特别是以有实际产业价值的高科技企业为投资对象的创投基金和以产业整合为主要业务的并购基金，将可能获得一个时期的大发展。

如果作者上述观点成立，那么信息技术在金融行业中的应用将可能出现一个高潮，而其中下列几类技术，一定有非常重要的应用价值：

第一，改进金融机构服务能力的技术，此类技术在前面几章中已有叙述，不再重复——不管未来情况如何变化，这些技术都是金融机构需要的技术。

第二，物联网和3D打印，以及与之相匹配的数据分析技术。这些技术虽然对金融行业未必有直接的价值，但金融行业由虚转实的过程中，这两个技术可能代表了制造业转型升级过程的重要方向。综合看"供给侧改革"的要求，虽然看起来好像重点是在企业治理和经济结构。但实际上，这背后还有一个非常重要的技术要求，那就是如何能让供给侧灵活地满足需求侧的要求。这个目标，可以从两个方面加以实现：其一是从需求侧提供的历史信息中"预判"需求侧需求，以便供给侧提早做好应对准备；其二是在需求侧提出要求后，供给侧能够"快速"满足需求侧提出的需求。物联网有助于解决前一个问题，3D打印作为一种"增量制造"有助于解决后一个问题。

这一章的两节内容之间几乎毫无关系，那么为什么作者要把两节无关的内容放到一章里呢？在本章的最后，作者来做个总结：本章的要点是把我们原有的分析，进一步放到了现实的大背景之下，再进一步考虑金融业的发展问题。

现在的大背景是什么？从国际角度看，无非就是中美两国由于国力的消长，开始进入到一种全新的全球博弈形态，而由于特朗普当选总统，使得未来的发展趋势变得更加模糊。由于美国剥削全球的基本手段是其建立的全球金融体系，所以，作为我国的金融工作者就应该思考，尽管我们已经逐步适应了现有全球金融体系的游戏规则，但我们能否打破这个游戏规则并建立一个新的、更公平的游戏规则。这并不是一个简单的工作，在改革开放后，我国的金融行业基本上就是一个不断向美国学习的过程。而学习金融专业的学生，几乎每一本教材都是在按照美国人的逻辑和标准来进行讲授。要挑战美国设定的游戏规则，实际上就是在对自己知识和逻辑的一种否定，其过程也相当痛苦。然而，一旦我们能做到这一点，那么，我国金融业就为我国在中美全球博弈中争取到了一个巨大的优势。

从国内角度看，供给侧改革无疑是未来一段时间内，我国经济领域最重要的一次变革。在这样一个历史阶段，我国金融业应该找准自己的定位，使自身的发展能够融入到这样一个大变革时代。然而，如果读者有兴趣，可以自己搜索我国金融行业的专家对供给侧改革的评论文章，很多专家都没有弄清楚这个历史变革的方向在哪里，仍然闭目塞听、断章取义，用已有的理论和案例去做类比，这样就很容易走错方向。比如前一阵子由险资发起的若干"恶意收购"案，为什么在收购万科的时候，监管部门都没有表态；而一旦试图收购格力这个制造业企业，就引起证监会、保监会两个监管部门的联合批评？我们必须头脑清醒，中国的金融业毕竟不是华尔街，金融企业的利益永远无法优先于中央认定的国家利益。大势在此，现在主要经济体都已经在反思"独立、逐利、贪婪"的金融行业到底会给国家经济发展带来多大的危害。所以，我国对于金融业的态度也有可能发生变化。在这样一个情况下，我们绝不能按照过往的经验，闭上眼睛骗自己说这个变化并不存在。这样，我国的金融业确实需要认真评估下一步的发展，究竟该何去何从。

第九章 ●●●○

大航海时代的终结与新时代的序幕

在上一章当中，作者认为供给侧改革在当前是一个在现阶段非常务实的改革措施。但作者也同时认为，这场改革的目的仍然是解决发展中遇到的困难，而不是对未来发展道路的一次决定性重构。为什么这么说呢？这是因为，在作者看来，我国目前经济问题的根本原因其实就是马克思所提出的"生产资料私人占有制和社会化大生产的矛盾"——在我国"有中国特色的社会主义"中，我们虽然保留了相当比例的公有制成分，但我们也同时允许相当比例的生产资料由私人占有；我们虽然保留了政府干预经济发展的若干机制，但我们也承认市场在资源配置中的决定性作用——当我们收获资本主义生产方式所带来的发展时，我们不能假装自己就不会承受资本主义生产方式所带来的问题。

如果我们已经把问题挑明到这个程度，解决问题的方案好像也就有了——再来一次"一化三改"，重新恢复"国家计划委员会"？听起来好像不是一个好主意。那么，我们还是继续学美国？好像可以，真实经济周期理论不是告诉过我们，经济周期什么的忍一忍就会过去的，不但没坏处，还有不少好处呢！你不信？基德兰德和普雷斯科特为了这个理论还得过诺奖，绝对是"大智大慧"。不过，以作者驽钝的才智，到现在为止也还是无法用这个理论说服自己。

其实，如果解决经济周期问题的方法很容易被找到，我们人类也不至于在这个问题上反复纠结几百年。那么，这个问题到底难在哪里呢？根源其实就在人心。作者第一次翻阅经济学说史的时候，曾吃惊地发现《国富论》的作者亚当·斯密也是《道德情操论》一书的作者。在《国富论》里，工人生产面包的目的是为了让自己过得更好，而不是为了利他的目的；但在《道德情操论》里，别人对自己的感激会让自己心生喜悦。或者说，在《国富论》里自私的人类，在《道德情操论》里则富有"同情心"。考察人类历史和我们正在经历的时代，对人本性的理解的差异性始终存在。边沁和休谟可以从杨朱的学说里收益良多；而孔德和斯宾塞读完墨家著作肯定也会引以为知己。博学的读者会在两边都看到对人性理解的荒谬，人类在绝大多数时候都会在两者之间，并不是绝对的利己，也不是绝对的利他。这样，人类在所追求的目标上，往往会陷入一种无可避免矛盾，大家在利己主义和利他主义（或者更进一步说，是"集体主义"）中反复徘徊。对于那些认为自己有机会赢得竞争的人来说，他们绝对不会希望自己生活的和平常人一样，而是希望"胜者全得"，一举成为"人上人"，此时，谁敢动一动他要参加的竞赛（比如自由市场机制），仿佛就成了他不共戴天的仇敌；但如果一个人没机会去赢得竞争，或者在竞争中失败，他却又希望胜利者不要"赢家通吃"，而且最好和自己能相互平等，如果有什么阻碍了他实现这一目标，他也愿意为之而付出代价。一言以蔽之，在一个平等的社会里，人们会渴望挑战；而在一个充满挑战的社会，人们又会渴望平等。

关于这一点的真实性，我们不妨看二战以后主要经济体的情形。美欧吸收了大萧条的教训，加强了政府对经济运行的干预，结果出现滞涨；于是人心思变，撒切尔夫人和里根这样的领袖应运而生，在新自由主义的指导下开始改革；但到了今天，美欧的知识界反省新自由主义的弊端，又有人开始呼吁"社会主义"。同样的情况在苏联也类似，人们出于对计划经济的厌恶选择支持苏联解体，但在经历了叶利钦时代之后，俄国人民最后又选择了普京。我国呢？在苏联存在的时候，我国借鉴苏联计划经济体制；在改革开放后，我国又借鉴美国自由市场经济。这种选择虽然是在中国共产党领导下完成的，但这背后又何尝不能反映民心之所向。

到了今天，人们社会正在进入一个新的历史节点，在生产力水平发展到一定阶段后，全球主要经济体都出现了现实的问题。人类的社会制度和经济制度似乎已经成为制约人类下一步发展的阻碍。于是，一场变革，呼之欲出。然而，要解决如此复杂的问题，又应该怎样去寻找改革的方向呢？

在这一章中，作者打算稍微挑战一下这个复杂的问题。不过，在探索未来之前，我们不妨回顾一下历史。

第一节　大航海时代以来的人类秩序

人类上一次重大的历史变革，一定非大航海时代莫属。当时，奥斯曼土耳其横跨亚欧，占据传统通往东方的商道，迫使欧洲寻找通往东方的海路。在大量新航道开辟以后，欧洲人终于可以以海为路，随时从海上发起进攻。从而将孤悬亚欧大陆西陲、被传统陆权国家压制包围的不利态势，最终转变为通过海路对陆权国家的包围。同时，军事的进步使其相对弱小国家和民族拥有武力优势（比如对非洲、印度洋、太平洋上的土著部落），文化的传统使其善于利用对手的矛盾灵活施展策略（比如对印加帝国、对莫卧儿帝国），宗教的信仰能够明显消除其掠夺异教徒时的道德困扰（比如在美洲殖民地对原住民的屠杀、暴政以及盛行的奴隶贸易）。在那个年代，欧洲取得了相对全球其他地区明显的国力优势[1]，在其巅峰时期，全球非西方的独立国家，几乎屈指可数，连中国、印度、波斯、奥斯曼土耳其这样的传统强国，居然也都一度沦为殖民地或半殖民地。同时，欧洲人又能灵活地利用这种国力优势，在随后的几百年中，将这种发源于暴力和抢掠的国力优势，逐步转化成为相对于非西方国家在道德、文

---

[1]　葡萄牙和西班牙在 1494 年签署的《托德西利亚斯条约》居然极度狂妄地瓜分了世界：双方遵循教皇划定的加那利群岛以西 1100 英里处的纬度为界（即所谓的"教皇子午线"），划分了世界最初的归属，教皇子午线以东归属葡萄牙，以西归属西班牙。

化、理论、制度等方面的全面优越感。

在其殖民势力和航海技术的帮助下，以欧洲为中心的第一次全球化进程，实际上也就成了全球欧洲化的进程。虽然通过两次世界大战，作为主战场的欧洲将世界中心位置让给美国，但美国本质上无非是一个建立在美洲的欧洲国家。在这个意义上，以美国为首的全球化实际上还是当年全球欧洲化的余波。于是，我们不难发现，发源于大航海时代的欧洲的社会秩序伴随着这一进程，至今仍在全球范围持续地产生影响。

那么，这种社会秩序的形态是怎样的呢？关于这个问题的完整答案是非常复杂。比方说，在五四运动和上世纪 80 年代的中国，都曾经出现过全盘西化的论调，其立论者对西方文明的认同程度，几乎涵盖了方方面面。当时甚至有人倡导将汉字拉丁字母化，或者认为基督教是天下最能匡正人心的大道之类。即便这些倡导最后没有在我国成为现实，但我国仍然从服饰、饮食、生活习俗、社会组织机构设置等方面都接受了西方的规范或者受到西方的影响。甚至就连审美观点，也变化良多。比方说，明代的中国人认为西欧人"青眼赤须，状类猕猴"[1]，而今人却认为这样的形貌相当帅气。严格意义上说，这些都是社会秩序对外所展现出的形态。如果我们要是逐一详细描述，完全应该另外写作一本大部头[2]。所以，作者只挑最重点的三个角度，来说明大航海时代形成的社会秩序的本质形态。

第一，生产方式的资本主义化。

关于生产方式的问题，无疑是大航海时代之后所形成的人类最重要的社会秩序。在资本主义生产关系产生以前，人类主流的生产关系都体现了赤裸裸的剥削和压迫。而在资本主义当中，自由的工人作为劳动力进入要素市场，与资本家你情我愿地达成一致的工资，其心理感受要远远好于奴隶和佃农。这是资本主义生产关系的一大进步。然而，资本主义生产关系的问题也同样明显。按照马克思的观点，贫富差距和经济周期最终会令资本主义生产关系

---

[1]　【明】张燮：《东西洋考》，卷六，中华书局 1981 年版。

[2]　有兴趣的读者可参考：郝侠君、毛磊、石光荣主编：《中西 500 年比较》，工人出版社1989 年版。

难以为继。

第二，选举政治。

大航海时代以来，欧洲各国根据实际需要与国家历史特点，逐步发展出君主立宪制与民主共和制的等政治制度。其思想根源在于否定"君权神授"，从而建立人民授权的"社会契约"。所以，在现代政治生活中，这种政治制度的一个关键特点，就是基于全民参与的选举制度。西方学者将这种制度视为体现"民主"的最高也是最根本形式，以至于很多人甚至会站在道德的角度加以宣扬。但实际上，从古代开始，关于选举政治的问题就一直被另一些学者所诟病。比方说西方哲学的老祖宗，苏格拉底、柏拉图和亚里士多德，都是在选举制度的光辉下成长起来的，但穷其一生，这三位先贤对选举制度都没什么好印象：苏格拉底就是按照一人一票的投票程序被喂了毒药；柏拉图的《理想国》最高期待是哲学家王；亚里士多德的《政治学》则只是将民主政体视为一种不算太糟糕的中庸政体。近世以来，还我们可以观察到更多关于选举体制的弊端。类似"孔多塞悖论"、"多数人的暴政"等等对选举制度的诘问，实际上是从决策效率到制度本质上对这个制度进行了理论的否定。到了2016年，对选举制度的讽刺越发明显，很多英国人甚至直到公投结束后，才纷纷去谷歌上搜索"脱欧"的意义；意大利人能够用公投的方式否定改革意见，而在注定失败的方向继续末日狂奔。作者从来不反对人民当家做主，相反，作为一名中共党员，作者一贯坚信"一切为了群众，一切依靠群众"和"从群众中来，到群众中去"的根本工作路线。但作者却一向认为，选举制度并不是表达民主意见的有效方式。如果不能改造选举制度的弊端，民主制度就不可能真正实现。

第三，以价格机制为核心的市场经济。

市场经济在大航海时代以前就已经广泛存在，但直到大航海时代以后，人类才真正开始使用市场作为配置资源的主要方式。而这一事实也有力地推动了资本主义生产方式的进步。那么，为什么我们要使用市场来配置资源呢？这背后其实有挺复杂的逻辑。大体上说，就是世界上的经济资源多种多样，靠个别人的能力是无法充分掌握这些经济资源的信息，于是，就必须要利用多数人的理性，让每个人去追求自己利益最大，而在每个人都抱着这样一个目的，作为供给方或需求方来参与市场博弈时，最终所能实现的利益就应该是按照个人所掌握的经济资源所能获得的利益最大化情形下的利益，这样，整个经济资源就会得到最有效的利用。事实上，如果读者朋友的数学功底不错，又有兴趣对这个问题进行深入讨论，可以阅读马斯克莱尔等人编写的《微观经济理论》[①]，其中第十七至第二十章中对完全竞争市场所能导致的一般均衡进行过详细的论证。在整个市场经济调配资源的过程中，价格机制又发挥着最为核心的作用，承担着传递信息的职能。不过，在前面的章节中，我们曾经对价格机制的问题进行过讨论，并曾提出过现有价格机制作为一种信息传递机制所存在的问题。而正是这些问题存在，市场在调配资源时，就有可能出现问题。

第二节　旧秩序的弊端及其来源

在过去的几百年里，大航海时代以来所建立里的人类秩序大体上运行得不错。以至于马克思在《共产党宣言》中甚至用这样的句子来描述资本主义的伟大：资产阶级在它的不到一百年的阶级统治中所创造的生产力，比过去一切世代创造的全部生产力还要多，还要大。自然力的征服，机器的采用，化学在工业和农业中的应用，轮船的行驶，铁路的通行，电报的使用，整个大陆的开垦，河川的通航，仿佛用法术从地下呼唤出来的大量人口，——过去哪一个世纪料想到在社会劳动里蕴藏有这样的生产力呢？

不过，以 1948 年的眼光看马克思 1848 年的文字，几乎可以把上一段文字中的原封不动地抄一遍。在 1948 年的时候，别的进步姑且不管，至少原子弹爆炸都已经过了三年。而在今天我们看 1948 年，虽然还不到 100 年，但又可以把马克思 1848 的文字再抄一遍。在现在，别的姑且不说，至少每个人手边

---

① 马斯克莱尔：《微观经济理论》（特别影印版），上海财经大学出版社，2014 年版。书中第四部分专门讲一般均衡。如果时间不足以阅读全部内容，那么至少应该看完第十七章。

的那部手机，能提供的算力就应该比 1948 年全球能提供的算力还要大得多。那么，再过几十年呢？或者说再过一百年呢？在前面的章节中，作者提到过，随着可控核聚变、人工智能、和量子计算机这三大技术的发展，人类的生活状态将发生本质的变化①。

实际上，即便假设上述三种技术因为"三体星人"发送过来的"智子"②而最终完全失败，单就我们现在的技术水平：我们现在就可以通过光伏发电技术几乎无限地满足人类对能源的需求；我们的人工智能现在就可以击败人类最优秀的围棋棋手；我们的超级计算机现在就可以提供超过 10 亿亿次 / 秒的计算速度。那么，这意味着什么？人类有可能出现人类历史上第一次真正意义上的经济过剩——在理论上，只要有一定时间来积累技术和资本，那么，所有工农业生产和生产服务行业几乎都不再需要任何劳动力的参与。或者说，借助这些技术，只要少量的技术工人、科学家和工程师就可以让全世界人民都生活得很好。

从道理上说，这将是一个美好的景象——尤其是在我们正在为人口老龄化问题担忧的时候。然而，技术是不是会使情况改善，却未必是个定数。比方说我们可以看看和我们同处一个时代、一个地球的非洲。从自然资源的角度说，非洲总要比过度开发的亚欧大陆强得多。然而，除了马里、尼日尔等少数国家以外，非洲绝大多数国家粮食尚不能自给。至于其他生存条件，往往更不能奢望。比如曾爆发埃博拉病毒的塞拉利昂。从自然环境上看，这个国家靠近大西洋，风景秀丽怡人、自然资源丰富，盛产钻石黄金。但是，由于军阀混战，丰富的钻石和黄金没有被用来改善民生，而是被换做军火。人民生计无着、流离失所。连续多年是全球最不发达的国家。埃博拉病毒爆发期间，在中国医疗

---

① 有些读者可能觉得作者危言耸听，不过如果关注技术发展的读者朋友应该也知道在 2016 年一年当中的某些研究成果：中科院合肥物质科学研究院等离子体物理研究所制造的先进超导托卡马克实验装置，已经能够将装置的持续时间提高分钟量级；我国研制的核聚变堆核心部件在国际上率先通过认证；阿尔法狗在 2017 年 1 月已经在和人类几乎全部世界冠军的对局中取得了 60 连胜；中国科技大学量子实验室成功研发了半导体量子芯片和量子存储；谷歌、IBM 和微软也已经或正在进行某些"准"量子计算机的样机研发工作。

② 在刘慈欣所著小说《三体》三部曲中，三体星人向地球发射了两个智子，最终成功地阻止了人类在物理科学上的进步。

队到达以前，全国只有两百余名医生在为该国 600 万人民提供医疗服务，而这两百多位医生中，后来陆续有近半数的医生在治疗过程中被病毒感染而死亡。事实上，塞拉利昂当前的困难也不仅仅是内战造成的。其贫困落后表象的背后，可能蕴含着多方面的原因：比方说，从殖民者继承下来的铁路，自国家独立后，有近 40 年无人运营，最终铁轨只能被当成废品卖掉。类似的情况并不仅仅这一个国家，除了少数国家取得明显的经济进步以外，发展缓慢或停滞才更接近世界的常态。按照最不乐观的论调①，我们这一代人很有可能在有生之年看到数以十亿计的人类在很短时间内由于饥饿、战乱和疾病迅速死亡——这种情况在人类历史上还从来没有发生过。那么，在未来我国国力强大到可以通过"一带一路"彻底改善非洲面貌之前，发达国家已经或正在做什么呢？他们先进的技术和装备为什么不用在这些人类的同胞身上，来改善他们的生活面貌呢？事实上，他们不是不知道非洲的苦难，只是他们应对的方式让人无法接受罢了。比如对于塞拉利昂的内战，他们拍摄了电影《血钻》，以数以百万计遭受涂炭的人民为背景，演绎了莱昂纳多和康纳利的一段真挚感情……

如果，我们把地球看成是一个扩大版的国家，那么，发生在非洲的问题难道一定不会发生在国内的一部分人身上吗？如果有一天贫困的同胞吃不上饭，那些富裕的同胞会救济他们吗？如果会提供救济，那么这种救济又能救济到什么程度呢？——虽然技术拥有让所有人都变得更好的能力，但技术不能自动将这种能力转化为现实。要实现这种转化，需要的不仅仅是技术，更是对大航海时代以来所形成的人类秩序做一次深刻的改革。那么，我们要去改革什么呢？又该怎样去改革呢？

作者认为，我们所要改革的对象，恰恰就是上一节当中提到的、现有人类秩序：其一，资本主义的生产方式；其二，选举制度；其三，以价格机制为核心的市场经济。而如果总结起来，实际上只有两个：其一就是生产资料的归属权问题，其二就是整个人类社会的信息交互机制的问题。前一个问题是人和人

① 有兴趣的读者可以参考马平："21 世纪的灾难很可能让两次世界大战都相形见绌"，《观察者网》，2017 年 1 月 7 日。

的问题,而后一个是一个比较纯粹的技术问题。

关于前一个问题,解决问题的困难在于如何减少私人占有生产资料的比例。这不是个很简单的事情。一方面,解决问题的进程和方法如果不正确,就可能激发社会分裂,给国家与个人带来痛苦;另一方面,如果完全消除资本主义而实现生产资料的完全公有,就有可能同时消灭资本主义生产方式所特有的创新精神和创业热情。如果考察苏联历史,就不难发现,苏联在这两个方面都是反面教材:用暴力手段夺取别人的生产资料,必然会激起被掠夺者的殊死抵抗,如果当年帝国主义们能团结一致,比方说放了德意志第二帝国一马,那么,威廉皇帝的军队单枪匹马就可以带着"白俄"们去扼杀了新生的苏维埃共和国;同时,彻底失去生产资料的人,即便很有能力,也难以为自己谋取更多的利益,最后要么平淡度日,要么转向去搞政治投机,所以,苏联存续期间内,虽然国家下大力气的重工业和军工业始终相当强大(说明苏联从来不乏能人),但苏联的民生相对来说却一直不那么繁荣(既因为国家不允许,也因为私人没有足够的资本)。

关于后一个问题,核心就是一个信息交互机制问题。在信息科学里,信息交互至少包括:信息源、信息、信息传递渠道、接受者、反馈和噪音六个部分。我们来看选举制度,其根本目的是为了能够在决策过程中反映人民的意见。那么,一个理想的模式下,选举机制的信息交互过程,首要的就是要保证信息源的全面。但是,出于各种原因,选举制度下的信息源几乎就没有做到过这一点:比方说,美国选举投票率一般不超过 60%;欧洲稍高,可以到 70%~80%,但肯定也不是全部。然而,在选举投票结果相近的时候,那些沉默的声音就应该被忽视吗?除此以外,当人民参与选举投票时,他们知道自己在做什么吗?换言之,他们得到的信息准确吗?大家知道,在二级市场买股票,尚且有监管部门对信息的真伪进行监管。为什么涉及到更严肃的政治话题时,反倒没人去监管信息的真伪了?如果为了选举目的,什么话都可以张口就来,那么,有治国理政才华的人还真未必竞争得过一个口若悬河的骗子。比方说,美国 2016 年总统大选:三场电视辩论,特朗普和希拉里基本上都是在相互人身攻击;平时发表的政治观点,听起来也都不那么靠谱。那么,美国的合格选民们又凭什么去选择呢？再比如说这个交互机制下的"噪音"，游说集团、政治献金在选举过程中无处不在，从而使少数人发出的那些噪音会压抑住真正来自人民的有用信息。因此，我们自然有理由认为，现有选举制度不见得能够胜任人民和政府之间传递信息的功能。

用类似的角度分析，价格机制其实也是交互机制问题。在前文中已经提及价格机制的形成原理：在过去，为了让供求双方的信息都能便利地处理，市场实际上起到了一个把总供给和总需求的信息抽象成一个价格信号的功能。但我们拿到价格信号以后，不可能把它解码成总供给和总需求的信息，所以价格机制也会误导我们的行动。

作者认为，关于人的问题就要靠解决人的问题的方法去解决；关于信息交互机制的问题，则自然要靠技术的方法去解决。在下一节中，让我们试着解决这些问题，并眺望那个新的时代。

第三节　改革与新秩序

既然我们在上一节中已经找到了问题所在，那么，在这一节中，让我们一起想想，应该如何解决这些问题呢？

首先，如何解决资本主义生产方式的问题？

或许在未来，随着教育水平的提高以及资源充足程度的提高，人类的道德有了很大的改善，人人以劳动和创造作为实现人生价值的最本质手段。但这种情况绝不可能发生在现在，或者说，至少在我们考虑改革问题的时候，不能把人的道德水平预设得太高。所以，作者认为，无论怎样改革，我们都必须承认个体差异，同时，仍需主要通过经济手段对经济个体进行刺激，促使其自愿而不是被迫地去发挥自身最大潜力。除此以外，在实现改革的过程中，最好不要让任何被改革对象遭受利益损失，应该以一种平和的方式促进改革进程。基于上述的假设，作者认为可以按照如下步骤来完成新时代的改革。

第一步，认真完成供给侧改革的重要任务，并以这场改革为契机，建立起全面的、动态的、实时的企业信息大数据系统。这个过程一方面可以通过行政手段要求企业通过工商、税务等相关系统来提交企业信息；另一方面可以从金融行业中——比如供应链金融——获取有关企业信息。如果是以前，这个工作肯定是劳民伤财；不过，现在的情况下，完成这个功能只需要在企业的后台系统上开一个后门，技术上实现简单，而且基本上没有成本。有的读者朋友可能会认为，如果企业可以想躲避来自国家的监督，它仍然可以通过故意录入错误数据的方式来糊弄这套信息系统。不过，只要信息来源多样而全面，那么如果企业要这么干，肯定就会在各种信息的相互对比过程中露出马脚。比方说，企业可能对某笔交易不入账，但其交易方可能会记录这笔交易，通过银行转账支付，银行里也会留底。同时，由于这些数据是即时发生、即时上传，即使企业想进行伪造，系统本身也不会给企业留下足够的时间，而且伪造成本也很不好控制。

第二步，完善我国现有国有企业管理机制。一方面，要学习现代企业的管理制度，在日常决策、管理、经营等环节建立和企业经营目标业绩相关的绩效考评机制；另一方面，要坚持国家作为企业大股东，在企业经营决策方面的主导权。最终希望能够让国企按照市场竞争的方式，通过各种激励手段刺激员工工作和创新的热情，并在其所处行业内实现"比、学、赶、帮、超"的良性互动，从而为人民提供更好的服务；与此同时，也要在国有企业的企业目标上弱化企业的利润属性，增加企业的公共服务属性。

第三步，在拥有企业真实信息的基础上，将企业分类，其分类标准可能是：成熟型企业和创新型企业。国家可以在充分研究的基础上，从成熟型的民营企业中找到那些经营业绩一般，但已形成产能对国计民生有价值的企业。对于这些企业，国家或国家设立的控股集团可以通过发行特定国债的方式，用债券（或者针对企业股东的终身年金）换取企业股东的股权，从而实现企业的国有化。至于那些产能落后的民营企业，则可以任由其消亡。

第四步，对于创新型企业，国家也可以做一个区分。对于国家认定的、代表未来发展方向的产业方向，不管其中创业的企业是国有还是私有，国家都可以对通过专项创投基金的形式给以扶持；对于那些一般行业的创业企业，则未必需要国家的介入。至于专项创投基金，可以考虑按照市场化的方式运作，但对于技术成熟、业务稳定的创业成功企业，专项基金的退出方式可以主要以国家产业收购为主，而未必要通过上市退出。

第五步，对于既有的、与国计民生无关的虚拟经济，可以抱着不支持、不干预，但乐见其成的态度，任其按照有关法律法规的规定自由发展。

按照这样的思路，我国的经济结构可以发生明显的调整，国家将拥有绝大多数有利于保障基础民生事业的企业，同时部分掌握代表未来主要发展方向的新兴企业。以此为基础，国家至少可以保证在技术大幅度进步的时候，全体人民都能分享技术进步的成果[①]。与此同时，国家会鼓励国有企业之间的竞争，而且也不拒绝私人经营与国企竞争的企业，从而保证企业仍然具有活力，能够为人民提供更好的产品和服务。甚至在经过筛选以后，可以通过国有的产业基金为这些私人企业提供资金支持。而一旦私人企业的创新获得成功，并逐步成熟以后，仍然可以用第三步的方法将私人企业重新国有化。

这样的一种制度中，国家相当于是利用信息技术手段（如果技术手段落后，就可能会出现类似当年计划经济中国有企业的弊端）将国有资产进行集团化的运营，同时，又通过商业化的产业投资基金（用商业化运作的方式可以避免与创业企业串通），帮助有本领的人去创新创业。而且，即便创业企业被收购，创业者可以作为股东以及企业管理层，继续留在企业里服务，以避免人才浪费。在分配上，创新创业成功的人可以长久地享受其创业付出所获得的成果，获得更好的生活资料；但债券或年金式的支付方式又可以保证这些人不可能用足够快的速度去积累生产资料。

图 9-1 展示了这个构想的基础形态，并不复杂。但很有可能起到提高国有比例的问题。

[①]　未来面临的问题和二战后福利国家面临的问题不同，高福利国家的问题是大家都享受高福利，所以没动力干活，从而导致经济不景气；而未来面临的问题是高技术应用导致很多人被机器替代而没活干，这样，本文提及的制度至少能保证人类社会不至于瓦解。

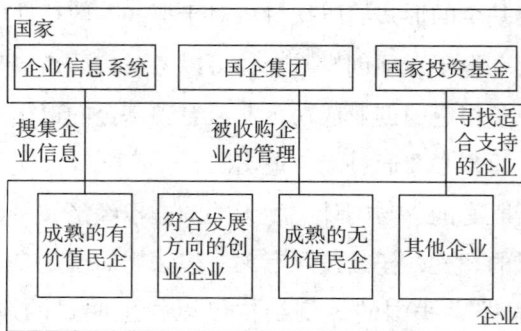

图 9-1　改革大致思路草图

　　其次，如何解决存在于选举政治和价格机制中的信息交互机制问题？在人工智能技术和大数据技术不太完善的时候，这个问题确实不好解决，但在这两个技术的帮助下，问题就会简单得多。

　　先看选举政治，其核心是保持执政者和基层人民的沟通：一旦执政者违背多数人的意愿，人民就可以利用手中的选票去更换执政者，所以执政者为了不被更换，就会更认真地去为大多数人的利益考虑。那么，有没有什么更好的办法来沟通呢。我们可以想象一下一个由四个人组成的社会，其中一个是执政者，另三个是人民，他们各自所代表的权利和责任和现实中的相同。那么，执政者应该怎样保持执政地位呢，自然还是要尽可能地为大多数人的利益服务。但他会怎么做呢？很可能他会和其他三人保持经常性的沟通，认真的说明他做每一件事情的理由。如果出现任何人民对他的解释存在质疑，他就会耐心地去解释劝说；当然，反对者也会和他讨论反对的道理。实际上，人民之间也可以相互讨论，把问题彻底弄明白之后，尽量去形成共识；只有到了矛盾无法调和时，才会考虑真正采取表决的手段来做出决定。这种沟通方式和谐而充分，所以，几个人组成的小团体总是可以较好地保持团结。但是，当组织内的人数不断增加后，大家的沟通成本就会越来越高。对这一点，读者朋友们可能都有明显的感觉。为了保证沟通能有效地进行，人类发展出的模式就是组织的分层。比如，在军队中，一个战斗小组可能只有 3 ～ 4 个人，10 人左右构成一个班，然后一层一层的累积上去，直到形成一个庞大的军事单位。但分层的结果就是信息的上传下达经历了层层传递之后，信息接受者并不能理解信息发出者的真实意图，而且反馈也几乎不可能存在。比方说，一个集团军的军长或许可能会和其手下的师长或高级直属军官来商量一个军事行动方案，但他完全不可能去征求所有士兵和低级军官的意见。当军事行动方案发布以后，军长已几乎很难收到最基层关于方案的反馈意见。那么，当每一个人都拥有一个与日常工作生活密切相关的人工智能的话，情况会怎么样呢？结果会完全不同。比方说，作者对未来改革有几点粗浅的想法想和执行者去沟通，而和作者有相似想法的人可能有成千上万个，如果我们都能如愿地去向执行者汇报，那他在退休前就什么都不用干了。但如果有一个普遍应用的人工智能，人们就可以在与人工智能进行的交流中提出各种想法，人工智能的后台自然可以将这些想法分类、统计，并结合大数据技术进行分析，从而得到一些很有意义但又相对简单的指标和分析结果。这些相对简单的指标和分析结果，自然就可以作为民意的反应，提交给领导层做决策依据。同时，领导者的决策过程和决策依据也可以通过人工智能技术传递给每一个人；当某些人对问题形成困惑时，人工智能完全可以在保持领导层原有逻辑的基础上与人沟通，来消除困惑；而这些互动的问题，则又可以形成某种意见反馈给领导层。用同样的方式，理论上，人民可以与各级决策层都形成这种紧密的沟通机制。这不但有助于帮助人民更好的参政议政，享受当家做主的权利。更有助于各级政府职能部门了解民生，更好地去开展工作。

专栏9-1 **云南省委组织部的做法**

同样地，如果将这种方法用于我们党内建设，完全可以成为我党党内决策所采用的"民主集中制"的一种绝好示范。实际上，这种尝试的基础条件在党内已经出现。在云南当地一家名为红岭云的科技公司里，作者了解到，云南省委组织部为了加强基层党组织建设，已经在云南1.6万个行政村中建立了网络党建系统，有九万余人为运行这个系统而努力工作。目前，这个系统不但可以满足基层党建需要，也同时能够将每个县市大约40

多个局的办公流程全部转移到这个系统上。比方说，老人领老年证、结婚领结婚证等等，因此，也大大降低了当地群众的办事难度。这个系统不但可以通过电脑登录，在平板设备和手机设备上也可以登录。

　　沿着同样的思路，价格机制也可以得到补充和发展。在市场中，我们需要人工智能和大数据分析技术，同时，也需要一个名为"市场"的超级计算机。那么，当需求方想要购买某种商品时，如果他明确知道自己的需求，那么，他可以通过自己的人工智能直接到市场信息中进行搜索，由于人工智能的帮助，这种搜索可能会非常精确；如果他不知道自己的需求，那么，人工智能可以为他提供推荐或者帮助他进行模糊搜索。对于供给方来说，情况也类似，他可以在市场中提供他尽可能详细的产品信息，也可以提供他潜在可以提供的产品信息。同时，他也可以利用自己的人工智能，将市场给他反馈的客户查阅信息以及他所关心的其他信息整理成对未来产品发展方向的方案。那么，"市场"要做什么呢？市场可以通过市场所获得的供给和需求的信息，来安排最优化的生产过程。比如说对于同一款特殊款式的衬衫，有的需要白色，有的需要淡蓝色，这对于生产衬衫的企业来说，就还需要一个印染的环节，那么，市场可以根据消费者的要求，比如"更低的成本"或者"更快的交易速度"等等，来安排印染厂的选择方案，并计算消费者最终需要支付的价格。一旦订单最终被确认，市场就可以借助所有经济资源来满足消费者的需求。这相对于现在的市场机制来说，这种调配资源的方式虽然可以让资源利用效率更高，这个过程却明显要复杂得多，所以现有市场机制没有这方面的功能。但对于超级计算机来说，这无非就是求解一些简单的规划问题，其实算得不得什么。对于供给方来说，一旦"市场"可以自由地选择资源组合，那么"马太效应"就会明显地出现。以往依靠某个上下游企业或者特殊渠道混饭吃的企业就会遭受严重打击。这样，就会迫使企业不断创新发展，以提高产品质量的同时尽量降低成本。

　　至此，作者对第二节所提出的"怎么改革"的问题，进行了一个大致的构想。有些读者朋友肯定觉得上述构想完全是挂一漏万。特别是对于那些"拜'私有财产'会教众"、"'市场'原教旨主义者"和"'民主'极端组织成员"来说，作者敢想一想上面的内容，那都是大逆不道的恶行。实际上，在作者看来，市场和民主都是好东西，私有财产更不坏；但是由于所处时代和技术手段的问题：将私有财产"生产资料化"，最终导致贫富不均、人民痛苦的资本主义生产方式，就需要改进；由于价格机制导致市场在配置资源时出现错配，进而造成生产力没有充分发挥的市场机制，就需要改进；无视人民诉求，通过选举政治为少数人谋求不合理利益的所谓"民主"，就需要改进。至于方法是否可行，在作者看来，施行方案的前提和技术已经具备，所缺的就是一些专项技术的研发和一些信息基础设施的铺设而已。当然，尽管作者经常讽刺那些"口袋里只有一把锤子，就看什么都像是钉子"的笨蛋，但仔细想来，作者思考问题的时候也经常出现一模一样的问题。或许有更多更好的办法，大家还可以讨论。

不管我们认同还是不认同，伴随着技术的进步与人类矛盾的尖锐化，旧的时代正在悄悄远去，新的时代正在到来。当然，整个变化会是一点儿一点儿地产生，去消解我们旧的观念和经验。在这个过程中我们可能盲目，也可能感到不适。就像160年前狄更斯所感受的那样"这是最好的年代，也是最坏的年代"。

感谢读者朋友们和作者一同研究了那么多内容，如果您真的弄清楚了作者想要表达的意思。那么，作者相信，您一定会发现，在这本书中，我们一起正在遵照一个正确的逻辑，并站在一个关键的角度上，冷静地审视着我们今天所经历的这个时代。我们会发现，我们不但能够发现俯拾皆是的机会，更知道获取这些机会的手段。所以，至少对于我们来说，这是一个最好的时代——当被时代所摒弃的人们在路边瑟瑟发抖时，恰是我们大踏步前行的绝好时机。

参考文献 ●●●○

[1] 鄂大伟等.信息技术导论.北京：高等教育出版社，2007

[2] 马克思，恩格斯.共产党宣言，百度百科

[3] 马克思.资本论.北京：北京联合出版公司，2013

[4] 恩格斯.共产主义原理.北京：人民出版社，1973

[5] 考茨基.资本论导读.北京：新世界出版社，2015

[6] 晏智杰.西方经济学说史教程.北京：北京大学出版社，2013

[7] 萨缪尔森.经济学（第19版）.北京：商务印书馆，2013

[8] 霍布斯.利维坦.北京：商务印书馆，1985

[9] 贝克尔.人类行为的经济分析.上海：格致出版社，2015

[10] 马斯克莱尔.微观经济理论（特别影印版），上海：上海财经大学出版社，2014

[11] 米什金.货币金融学.北京：中国人民大学出版社，2011

[12] 张国庆.话语权：为什么美国总是赢得主动.南京：江苏人民出版社，2011

[13] 伯南克.大萧条.大连：东北财经大学出版社，2007

[14] 曼彻斯特.光荣与梦想.北京：中信出版社，2015

[15] 申万宏源.区块链技术：颠覆式创新，2016-3-22

[16] 郝侠君，毛磊，石光荣.中西500年比较.北京：工人出版社，1989

[17] 李云峰.完整把握社会物质生产范畴及其在历史唯物主义体系中的重要地位.马克思主义研究，2003（02）

[18] 张云东 . 遏止金融异化发展误国 . 经济导刊，2016（6）

[19] 张爽 . 19 世纪末美国金本位制的确立及对美国经济的影响 . 东北师大学报（哲学社会科学版），2014（5）

[20] 陈伟恕 . 黄金非货币化是历史的必然 . 经济研究，1982（7）

[21] 秦凤鸣 . 黄金再货币化与金本位原则的复归 . 中国金融，2012（9）

[22] 谢平，邹传伟 . 互联网金融模式研究 . 金融研究，2012（12）

[23] 周鹏 . P2P 的本质、发展状况与监管探讨 . 银行家，2013（10）

[24] 陆岷峰，李琴 . 互联网金融背景下 P2P 发展目标模式研究 . 阜阳师范学院学报（社会科学版），2015（3）

[25] 陆岷峰，李琴 . 关于我国 P2P 网络接待平台愿景的思考 . 海南金融，2015（6）

[26] 陆岷峰，李琴 . 关于中国式 P2P 生态链延续发展战略研究 . 宁夏大学学报（人文社会科学版），2016（1）

[27] 王伟光 . 运用马克思主义立场、观点和方法，科学认识美国金融危机的本质和原因——重读《资本论》和《帝国主义论》. 马克思主义研究，2009（2）

[28] Robert Lawrence Kuhn. "*The Library of Investment Banking*". *Richard D Irwin, 1990*

[29] *McKinnon, Ronald I, and Schnabl Gunther. "The East Asia Dollar Standard, Fear of Floating, and Original Sin". Review of Developing Economics. 2004. Vol. 8, No. 3*

[30] *E Saez & G Zucman. "Editor's Choice: Wealth Inequality in the United States since 1913: Evidence from Capitalized Income Tax Data". The Quarterly Journal of Economics. 2016. 131（2）*

[31] *Coase, Ronald （1937）. "The Nature of the Firm". Economica. 4（16）*

[32] Graves, etc. "Hybrid computing using a neural network with dynamic external memory". Nature. October, 2016. VOL 538.

后　记 ●●●○

　　记得 2016 年 5 月写下本书第一段文字时，南海仲裁还没结束，和菲律宾的局势很僵；韩国还没提出部署萨德，中韩关系很好；专家们预测英国脱欧公投的结果必然是留在欧洲；美国总统大选民调是希拉里遥遥领先……然后，在几个月的时间里，我们看到了一个完全不同的世界。

　　在这几个月里，技术领域的变化也很多：DeepMind 团队 2016 年 10 月发表在"Nature"杂志上的论文，极负创造力地向我们展示了"价值网络"这一概念的应用方式；中科院的 EAST 在 2016 年 11 月运行到了分钟级的时间，到了 12 月我国核聚变堆核心部件在国际上又率先通过认证……给人的感觉就是技术的进步正在稳定地发展。

　　在这几个月中，开始使用新技术的金融案例也出现了很多：日本的富国生命保险公司引入 IBM 的 Watson AI 系统来处理理赔业务；日本邮政保险公司和日本生命保险公司也开始测试使用这一系统；安邦保险计划在 2017 年利用人工智能技术来改善核保状况……每隔几天就会有新的类似新闻出现。

　　这样不断发展的局面总是让我想停下来，再等一等，再看一看。但我也明白，在这样一个时代，这样的变化没有尽头。了解"变"固然重要，但从"变"中发现"不变"却更加重要。

　　有时候我会想，到底什么是金融？为了了解这个概念，我到现在已经花了十六年时间；为了体验这个行业，屈指算来也差不多实践了十年。但如果让我来说体会，我只能说，在这个行业里，赚点儿钱还算容易，但真想弄明白却不容易。大抵是赚钱只需精通一道，弄明白就得看的周全。

即便如此，我还是对金融信息这个交叉领域抱有厚望，我总是猜想，未来真正高端的金融人才，想来都得在研究生阶段读一读这个专业——本科读一个金融学学位来培养对金融的直觉，也读一个信息科学双学位来打一个技术上的基础，然后到在研究生阶段研究交叉领域——从广泛的可能性中，挑出某个有价值的研究，深入下去，总该能受益终生。

回想 2007 年，北京大学软件与微电子学院金融信息工程系刚刚成立的时候，当时的系主任窦尔翔教授每天都要花好长时间来向准备报名的年轻人解释这个系到底在研究什么。十年的时间里，这个系从只有一名专职教师，扩展到有七名专职教师。更重要的是，我们这伙人已经慢慢地从"不太清楚我们自己在研究什么"发展到"基本清楚知道我们在研究什么"了。随着研究的深入，我们越来越意识到：未来金融行业的面貌肯定和今天的大不相同。这本书只能算是开了个头，沿着本书后八章的方向，每个方向上都有好多问题可以讨论。

不管怎样，我其实都非常希望各位读者朋友能真正来关注金融信息这个交叉领域——不仅仅是简单地看看新闻里的各种热闹，更是要能好好思考一下金融行业的未来——把握住这个历史机遇，便可大有作为。